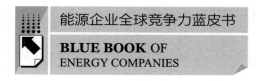

能源企业全球竞争力蓝皮书

BLUE BOOK OF
ENERGY COMPANIES

能源企业全球竞争力报告
（2018）

ENERGY COMPANIES' GLOBAL COMPETITIVENESS
REPORT（2018）

中国人民大学国际能源战略研究中心

主　编／许勤华

副主编／刘　旭　李　尧

社会科学文献出版社
SOCIAL SCIENCES ACADEMIC PRESS（CHINA）

图书在版编目（CIP）数据

能源企业全球竞争力报告 . 2018 / 许勤华主编 . ——
北京：社会科学文献出版社，2019.3
（能源企业全球竞争力蓝皮书）
ISBN 978 - 7 - 5201 - 4177 - 2

Ⅰ . ①能…　Ⅱ . ①许…　Ⅲ . ①能源工业 - 工业企业 -
国际竞争力 - 研究报告 - 世界 - 2018　Ⅳ . ①F416.2

中国版本图书馆 CIP 数据核字（2019）第 017077 号

能源企业全球竞争力蓝皮书
能源企业全球竞争力报告（2018）

主　　编／许勤华
副 主 编／刘　旭　李　尧

出 版 人／谢寿光
责任编辑／丁　凡　高振华
文稿编辑／韩欣楠

出　　版／社会科学文献出版社·城市和绿色发展分社（010）59367143
　　　　　地址：北京市北三环中路甲 29 号院华龙大厦　邮编：100029
　　　　　网址：www. ssap. com. cn
发　　行／市场营销中心（010）59367081　59367083
印　　装／三河市龙林印务有限公司

规　　格／开本：787mm × 1092mm　1/16
　　　　　印张：11.25　字数：168 千字
版　　次／2019 年 3 月第 1 版　2019 年 3 月第 1 次印刷
书　　号／ISBN 978 - 7 - 5201 - 4177 - 2
定　　价／98.00 元

皮书序列号／PSN B - 2019 - 809 - 1/1

感谢全球绿色发展组织大力支持

Thanks for the Support of Global Green Development Organization

主要编撰者简介

许勤华 中国人民大学国际能源战略研究中心主任、国际关系学院教授、博导、国家发展与战略研究院副院长、"一带一路"研究中心主任。国家能源局"一带一路"能源合作网专家委员会主任、中国石油经专委常务理事、中国能源研究会可再生能源专委会副主任委员兼秘书长、国务院发展研究中心研究员、世界能源委员会（WEC）理事。参与国家"十二五"能源发展规划、"十三五"企业"走出去"规划、能源发展战略、能源资源人才规划等多项政策写作，内参获政治局常委和省部级领导批示。从事能源战略、能源外交、能源国际合作、欧亚地区安全等领域研究。

刘　旭 中国人民大学国际能源战略研究中心执行主任、国际关系学院讲师、国家发展与战略研究院研究员。主要从事苏联地区经济政策、体制转型和国际能源合作研究。

李　尧 主持新能源企业投资业务。德国不莱梅大学毕业。擅长产业量化比较分析。国家发改委多份能源行业研究报告主要撰稿人。

导　言

　　《能源企业全球竞争力报告》旨在通过对全球能源企业进行多视角的综合分析，弥补国内外已有的能源企业对比分析的不足，为企业经营者、客户、供应商、投资者、政府部门、研究机构和社会公众提供一个观察能源企业竞争力的角度，帮助读者更加全面地了解和分析全球能源企业状况，从而为形成相关判断和决策提供支撑或参考。

　　本课题报告由中国人民大学国际能源战略研究中心编制，拥有相关的著作权利。任何公开引用和报道都需要注明来源。

　　参与本课题报告的成员包括：

　　一、领导团队：

　　许勤华、刘旭

　　二、核心团队：

　　李尧、宋博、王思羽

　　三、组成人员：

　　宋博　王思羽　白天舒　冯一帆　林雨桐　黑斌博　冯雨　刘天祥　孙洁雄　张若白　乐诗悦　褚洋君　闫姝晓

摘　要

　　本报告通过梳理企业竞争力的概念和评估方法，总结已有主要竞争力对比分析的效果，提出了自己的竞争力分析框架。本报告的分析框架包括五个维度（即一级指标）和十一个二级指标。五个维度包括规模、效率、成长、安全和研发，每个维度下面对应若干个二级指标。其中，规模维度通过总收入和总资产规模来衡量，效率维度的衡量指标包括资产收益率、人均营收和人均利润，成长维度的衡量指标包括近三年年均收入增长率和近三年年均净资产增长率，安全维度的衡量指标为资产负债率和流动比率，研发维度的衡量标准为研发费用和研发强度。同时，根据能源行业特点、竞争力评估要求和数据可得性及完备性，对不同维度和不同指标赋予特定的权重。本报告在对数据序列进行合理的标准化处理后，逐级往上合成各个指标和维度的得分，最后汇总成综合得分，作为能源企业竞争力综合评价的客观基础。

　　此次报告的主要结论包括如下内容：

　　第一，在能源企业全球 500 强中，美国入选企业最多，为 127 家；中国（含香港、台湾企业）居次席，为 104 家；日本第三，为 34 家。与 2017 年榜单相比，美国企业减少 4 家，中国企业增加 3 家，日本减少 2 家。美中日三国继续占据总榜 500 强中超过一半的名额。其他入选企业数量较多的国家还有加拿大（30 家）、印度（17 家）、英国（15 家）、俄罗斯（13 家）、巴西（10 家）等。

　　总榜单前 100 强中，美国占 27 席，中国占 17 席，俄罗斯占 7 席，加拿大、印度和日本各占 5 席，英国占 4 席。与 2017 年榜单不同的是，美国的埃克森美孚公司、菲利普 66 公司和瓦莱罗能源公司包揽总榜单前三。美国能源企业在 2017 财年中可谓表现强势。

第二，从企业规模上看，能源行业呈现出产业分化的特点。油气行业是能源行业中的龙头，其总资产均值和营业收入均值均高出整个能源行业均值两倍，体现了行业资产重、投入高、产出高的特点。可再生能源行业作为新兴行业，规模上难以和传统能源行业相提并论，体现出行业轻、小的特点。电力行业、能源装备制造和服务行业以及煤炭行业的规模介于前面二者之间。煤炭企业价格下跌、资产缩水和中国等消费国的"去煤化"使得行业规模呈现下滑，部分地区电力行业竞争加剧和产能过剩也抑制了行业规模增长。

第三，从效率维度看，油气行业同样体现出传统能源行业的成熟和优势，效率为能源行业中最高。电力行业人均营收和资产收益率低于油气行业，人均利润差距明显。煤炭行业资产收益率较高，但人均利润较低。能源装备制造与服务行业的资产收益率较低，人均利润最低。可再生能源行业的资产收益率最低，但人均营收和人均利润处于中等位置。

第四，从成长维度看，整个能源行业的营业收入与利润自 2017 年以来处于回暖阶段。与 2017 年榜单相比，总体指标数据都有了大幅改善。油气和煤炭行业改善幅度最大。可再生能源企业在营业收入和净资产方面都表现出持续增长的态势。

第五，从安全维度看，油气行业负债率最低，流动比率较高，体现行业资本密集、投资风险高和资金储备要求多的特点，也是行业整体抗风险意识高的体现。电力和煤炭行业负债率较高，尽管 2017 年煤炭行业回暖，但在长期的高负债压力下，其安全维度表现的改善有限。

第六，从研发维度看，传统能源行业研发强度较低，反映了行业技术成熟度较高的特点。能源装备制造与服务和可再生能源行业研发强度最高，体现出这些领域依靠技术进步和产品升级的竞争获得发展优势的行业生态。

第七，在煤炭企业全球竞争力排名30强中，中国企业占据了20个，在数量上远远超过其他国家。中国是全球煤炭行业的主导国家，一是因为煤炭是中国的主体能源，二是中国的煤炭生产和消费都占据了全球约一半的分量。但是，中国煤炭企业在效率方面表现差强人意。在所有入选的中国企业中，仅有2家企业的效率高于上榜企业平均水平。

第八，在油气企业全球竞争力排名100强中，美国入选企业最多，为27家；中国居次席，为13家；加拿大第三，为9家；俄罗斯第四，为8家。美中加俄四国占据了油气企业100强中一半以上名额。伴随着中国成为世界上最大的原油进口国和第二大石油消费国，中国油气企业在全球的竞争力和影响力也不断上升。除了中东主要产油国的国家石油公司因资料不公开无法评估外，中国与美加俄已逐渐主导了全球油气产业的发展。相对国外油气企业，中国企业在规模、成长和研发维度上表现较为突出，但在效率和安全方面有所不足。

第九，在电力企业全球竞争力排名100强中，美国上榜企业最多，有22个，中国紧随其后，有21家，中美两国企业合计占据榜单近一半的名额。前20强中中国企业占据绝对优势，共占有6席，德国紧随其后，占3席。中国企业在综合得分、规模、成长、安全和研发维度方面明显超过国际平均水平，彰显电力大国的综合实力。但同时中国企业在效率维度方面表现有所不足。如果排除港台地区的电力企业、地方电力公司和核电企业，余下的中国国有大型电力公司在效率维度方面要低于全球和中国的上榜企业平均水平。

第十，在可再生能源企业100强中，中国企业（不包括港澳台企业）共计53家，在数量上远远超过其他国家，占据可再生能源榜单100强的半壁江山。美国以入围10家企业位居第二，中国台湾地区紧随美国入围6家企业。德国和西班牙成为欧洲可再生能源企业上榜最多的两个国家，分别入围了 5 家企业和 4 家企业，其中前 20 强中中国大陆企业占有 9 席，丹麦、西班牙和德国均为 2 席，澳大利亚企业首次挺进前 20 强。位列前三的企业分别属于丹麦、西班牙和美国。从中可以看出，一方面，欧美老牌可再生能源企业优势明显；另一方面，中国可再生能源企业整体竞争力强大。

第十一，在能源装备制造与服务企业前 20 强中，有 7 家是中国企业，超过总数的 1/3。德国有 3 家，美国和日本各有 2 家公司上榜。其中前 5 强分别来自德国、瑞士、日本、美国和丹麦五个国家。可以看出，中国在前 20 强中占有众多席位，老牌工业强国企业也保持一定的竞争优势。

第十二，中国能源企业 100 强排名中，电力企业最多，有 35 家；油气企业次之，达 28 家。煤炭企业和可再生能源企业分别是 22 家和 16 家。能源装备与服务企业 7 家，位居最后。前 20 名中包括两家台湾地区企业和一家香港企业。中国海洋石油集团有限公司高居中国企业 100 强榜单首位。

总的来看，和国际企业对比，中国能源企业在规模和成长维度上表现较为突出，在效率、安全和研发维度上则有待进一步提升。

Abstract

This report summarizes the results of the existing main competitiveness analysis models and comes up with its own competitiveness analysis framework by going through the concepts of corporate competitiveness and their assessment methods. The analysis framework of this report includes five dimensions (*i. e.* primary indicators) and elevensecondary indicators. The five dimensions include Scale, Efficiency, Growth, Security, and R&D. There are several corresponding secondary indicators under each dimension. Among them, the metrics of Scale include revenue and the total amount of assets, the metrics of efficiency include the return on assets (ROA), revenue per capita and profit per capita, the metrics of Growth include the growth rate of revenue and the growth rate of net assets over the previous three years, the metrics of security include the debt to asset ratio and the current ratio, and the metrics of R&D include the R&D spending and the intensity of R&D spending. Also, this report gives specific weights to different dimensions and different indicators in accordance with the characteristics of the energy sector, the requirements for competitiveness assessment, as well as the availability and completeness of data. After reasonably normalizing the data series, this report combines the score of each indicator and each dimension upward level-by-level to eventually get the overall score, which will be used as the objective basis for the general assessment of an energy company's competitiveness.

The main conclusions of this report include the following:

1. On the list of the top 500 global energy companies, the United States is in the first place with 127 companies; China (including companies

in Hong Kong and Taiwan) is in the second place with 104 companies; Japan is in the third place with 34 companies. Compared to the 2017 list, the number of US companies is reduced by 4, the number of Chinese companies is increased by 3, and the number of Japanese companies is alsoincreased by 2; the United States, China, and Japan continue to take more than half of the spots on the top 500 list. Other countries with a relatively big number of companies on the list include Canada (30), India (17), UK (15), Russia (13) and Brazil (10).

On the top 100 list, the United States has 27 companies, China has 17companies, Russia has 7 companies, Canada, India and Japan have 5 companies each, UK has 4 companies. What is different from the 2017 list is that US companies ExxonMobil, Phillips 66, and Valero Energy take the top 3 spots. The performance of the US energy companies during fiscal year of 2017 was really strong.

2. The scale of companies shows that there is differentiation in the energy sector. The oil & gas industry is the leader in the energy sector, and both the average value of total assets and the average value of revenue in this industry are two times higher than the average value of the entire energy sector, a demonstration of this industry's characteristics—heavy assets, high inputs, and high outputs. The renewable energy industry as an emerging industry is hard to be on a par with the traditional energy industry in terms of scale, characterized by being light and small. The scale of the global power industry, energy equipment manufacturing & service industry, and coal industry is between the two. The scale of the coal industry is declining as a result of coal price drop, coal asset shrinking, and the effort of coal consumption countries such as China to stop using coal. In some regions, the intensified competition and the excessive production capacity of the power industry have also curbed the growth of the industry's scale.

3. On the efficiency dimension, the oil & gas industry has demonstrated the maturity and advantage of the traditional energy industry too. Its efficiency is the highest in the energy sector. The power industry's

per capita revenue and return on assets (ROA) are lower than those of the oil & gas industry, and the gap in per capita profit is obvious. The coal industry's ROA is higher, but its per capita profit is the lowest in the entire energy sector. The ROA of the equipment manufacturing industry and the traditional energy industry is the lowest, but their per capita profit is higher than that of the coal industry. The renewable energy industry's per capita revenue and ROA are the lowest, but its per capita profit is higher than that of the equipment manufacturing industry and the coal industry.

4. On the growth dimension, the entire energy sector's revenue has been declining since 2017, with the oil & gas industry and the coal industry being affected the most, but renewable energy companies are able to stand out in the weak global energy sector, with their revenue and net assets continuing to grow.

5. On the security dimension, the oil & gas industry's debt ratio is the lowest in the entire energy sector, and its current ratio is also higher, a demonstration of this industry's characteristics of being capital intensive, of high investment risks, and of the requirement for companies to be financially strong. The coal industry's debt ratio is high. The weak coal prices as well as the declining demand and revenue have led to the deteriorating financial conditions of coal companies.

6. On the R&D dimension, the traditional energy industry has a relatively low R&D intensity, a reflection of the industry's high maturity level in terms of technology. The equipment manufacturing industry and the renewable energy industry have the highest R&D intensity, a reflection of these two industries relying on technological progress and product upgrade to gain a competitive edge for growth.

7. Among the top 30 global coal companies in terms of competitiveness, 20 are Chinese companies. China is far ahead of other countries in terms of this number. China is a dominating country in the global coal industry, because first, coal is the main energy source in China, and second, China's coal production and consumption is about half of the

global total. But, the performance of China's coal companies in efficiency is not very good. Among all the Chinese coal companies on the list, only two companies are higher than the average level of the companies on the list in terms of efficiency.

8. Among the top 100 global oil & gas companies in terms of competitiveness, the United States is No. 1 with 27 companies, followed by China with 13 companies, and Canada and Russia are in the third and fourth places with 9 and 8 companies, respectively. Together, the four countries (the United States, China, Canada, and Russia) account for more than half of the top 100 global oil & gas companies. With China becoming the world's largest crude oil importer and second-largest oil consumer, the competitiveness and influence of China's oil & gas companies in the world are also increasing. Compared to foreign oil & gas companies, the performance of China's oil & gas companies in growth and R&D is prominent, their scale is on a par with the global average, but their performance in efficiency and security is not good enough.

9. Among the top 100 global power companies in terms of competitiveness, almost half of them are Chinese companies and US companies: there are 22 US companies and 21 Chinese companies. On the top 20 list, Chinese companies take 6 spots and German companies take 3 spots. Chinese companies are slightly above the international average level in terms of the overall score, scale, growth, security, and R&D, but are obviously lower than the international average level in terms of efficiency. If the power companies in Hong Kong and Taiwan as well as the local power companies and nuclear power companies are excluded, then the remaining major state-owned power companies of China will be lower than the average level of global and Chinese companies on the list on the efficiency dimension.

10. Among the top 100 renewable energy companies, 53 are Chinese companies (excluding Hong Kong and Taiwan companies). This number is far more than that of other countries, accounting for over half of the top

100 renewable energy companies. The United States comes second with 10 companies on the list. Chinese Taiwan closely follows the United States to have 6 companies on the list. Germany and Spain are the two countries in Europe having the most renewable energy companies on the list; they have 5 companies and 4 companies on the list respectively. Among the top 20 companies, Mainland China takes 9 spots, Denmark, Spain and Germany take 2 spots each, and Australia has one company on the list for the first time. The top 3 companies are from Denmark, Spain, Finland, and the United Statesres pectively. This shows that, on the one hand, the established renewable energy companies from the western countries have an obvious advantage; and on the other hand, China's renewable energy companies as a whole are very competitive.

11. Among the top 20 global energy equipment manufacturing & service companies, 8 are Chinese companies, more than 1/3 of the total number. Germany and Japan have 2 companies on the list each. The top 5 companies are from Germany, the United States, Germany, China, Denmark, and Spain respectively. This shows that China takes multiple spots on the top 20 list, while most of the traditional industrial countries still have certain competitiveness.

12. On the list of the top 100 Chinese companies, power companies have the largest number, followed by oil & gas companies. There are 28 oil & gas companies, 35 traditional power companies, 22 coal companies, 16 renewable energy companies, and 7 equipment manufacturing & service companies. The top 20 companies include two Chinese Taiwan companies and one Chinese Hong Kong company. China National Offshore Oil Corporation (CNOOC) is No. 1 on the list of the top 100 Chinese companies.

In general, compared to international companies, the performance of China's energy companies on the dimensions of scale and growth is prominent, but their performance on the dimensions of efficiency, securityand R&Dis yet to be improved.

目 录

Ⅰ 总报告

Ⅱ 分报告

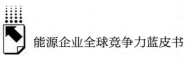

Ⅲ　附　录

皮书数据库阅读**使用指南**

CONTENTS

I General Report

II Topical Reports

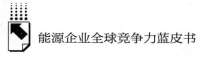

III   Appendix

总 报 告

General Report

B.1
企业竞争力的界定和评估方法

许勤华 刘旭 李尧*

摘　要： 本篇通过总结企业竞争力的基本概念、梳理全球范围
内主要企业竞争力的评估方法、确定并建立符合能源
企业的全球竞争力评估体系以及介绍企业数据筛选过
程来提出本报告的整体分析框架；在此报告中，由于
篇幅限制只介绍了数种较为著名的竞争力学派以及权
威的竞争力评估方法，例如：五力模型、资源学派与
能力学派等。同时，本篇着重介绍了报告分析框架，
其中包含五个维度以及十一个二级指标，以及数据的

---

* 许勤华，中国人民大学国际能源战略研究中心主任，国家发展与战略研究院副院长，国际关
系学院教授，研究方向为能源国际政治经济学；刘旭，中国人民大学国际能源战略研究中心
执行主任，研究方向为能源国际政治经济学；李尧，中国人民大学国际能源中心客座研究
员，研究方向为国际能源经济。

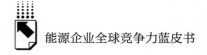

最终处理思路以及方法。

关键词： 能源企业　竞争力　指标设计

一　企业竞争力的概念界定

迈克尔·波特最早于 20 世纪 80 年代初期提出了关于企业竞争力的五力模型，又于 80 年代末提出了关于国家竞争优势的钻石模型。他在企业竞争力层面关注企业外部的因素，如上下游的议价能力等，在国家竞争力层面更关注国家本身的因素，如高要求的国内消费者。他分析了各种他认为会影响竞争力的因素，但并没有明确提出其关于竞争力的定义。综合其观点，竞争力就是在与同行竞争中，国家和企业所具备的相对优势。

资源学派于 20 世纪 80 年代中期提出企业内部有形资源、无形资源的优势能产生企业竞争优势，他们将企业竞争力定义为"组织中的累积性学识，特别是关于如何协调不同的生产技能和有机结合多种技术流派的学识"。竞争力被视为充分利用其资源的能力，和平常所谓"效率"差别不大。

能力学派于 20 世纪 90 年代初提出企业的竞争优势来源于自身拥有的核心能力，企业之间核心能力的差异造成了效率和收益的差异。在这种判断的基础上产生了当前较为流行的"核心竞争力"的定义，即企业可以在相同条件的竞争中获得更多利润的能力。这种竞争力可能与当前所谓差异化、细分、创新策略等有一定联系。

二 国内外主要企业竞争力评估方法

（一）世界经济论坛全球竞争力报告

世界经济论坛（WEF）全球竞争力报告始于 1979 年，经过数十年的发展，已形成涵盖 138 个国家和地区，拥有数百项指标的复杂体系。其将国家竞争力定义为：决定一个国家生产力水平的一整套政策、制度和影响因素的集合。可见其对竞争力的定义即是生产力。依其定义，WEF 将其指标体系划分为三大类：基础需求指标、效率提升指标、创新和完备性指标。国家的发展阶段也据此划分为三个阶段：要素驱动阶段、效率驱动阶段、创新驱动阶段。

（二）瑞士洛桑学院全球竞争力年鉴

瑞士洛桑学院全球竞争力年鉴始于 1989 年。该报告认为竞争力是国家繁荣昌盛、企业基业长青的重要原因，认为企业是财富的主要创造者，国家的竞争力即一国企业在国际市场上的竞争力。故而其对竞争力的定义是：国家创造并维持能使企业保持其竞争力的环境的能力。其关注的主要是企业的外部环境，而对于企业竞争力本身，却没有很明确的定义。

（三）其他国内外主要企业竞争力榜单

当前，国内外已存在很多对企业进行全球竞争力排名的榜单，如《财富》《福布斯》，其每年的榜单公布都会引起公众热议。

1. 标普全球普氏能源公司250强

由标普全球普氏能源资讯（S&P Global Platts）发布。该榜单根据四个关键指标来衡量各个能源公司的财务表现：资产价值、营收、利润、投资回报率。上榜公司资产最低为 55 亿美元。该榜单的企业数据主要来自芝加哥商品交易所、花旗集团、Fiserv、澳大利亚证券交易所、TMX Group、CBOE、拉丁美洲综合市场、ASX、利马证券交易所、台湾证券交易所、MILA 太平洋联盟、孟买证券交易所、墨西哥证券交易所、新西兰证券交易所等机构。

2.《福布斯》全球上市公司2000强

由《福布斯》杂志整理发布。该榜单自 2004 年起每年公布，以营收、利润、资产和市值为四大指标，并对每项指标分配了同样的权重，基于综合评分，最终计算出总得分，从而评出全球规模最大、最有实力的上市公司。该榜单的数据来源为各公司年报。在确定企业排名时，榜单不以单一数据为排列依据，而是综合四大指标计算出综合数据，所以在观察榜单的过程中，无法找出明确的排列依据。

3.《福布斯》世界500强

由《福布斯》杂志整理发布，一直是衡量全球大型公司的最著名、最权威的榜单。榜单以企业的营业收入作为企业排名的主要依据，认为收入是衡量企业发展最直接、最可靠的指标。2017 年榜单的企业营业收入门槛达到 216 亿美元。该榜单的数据来源为各公司公布的财务数据。

4. 全球新能源企业500强和中国能源集团500强榜单

由《中国能源报》与中国能源经济研究院共同发布。两个榜单采用国际通行方式，以企业上一年度营业收入为评价标准。2017 年两个榜单的企业营业收入入围门槛分别为 7.58 亿元和 8.4 亿元。该榜单的数据主要来源于上市公司年报、企业公开发布的审计报告、企业调研及其他行业组织。

5.《福布斯》美国非上市公司

由《福布斯》杂志发布。榜单主要以营业收入为基础进行排名。榜单上的所有公司营收均要超过 20 亿美元，此外也要求上榜公司股东人数有限或者持股方仅限于某些群体。在条件允许的情况下，榜单在计算每家公司的营收时，都会排除上市子公司的营收。榜单使用的数据为企业公开披露的财务信息、提交给美国证券交易委员会的信息、《福布斯》研究员估算的数字以及其他外部来源。

综上可以看出，当前存在的各类企业排行榜单尚未有系统性、客观的能源行业全球竞争力研究，对"竞争力"并未做概念性的梳理，同时存在指标单一，过度看重企业的规模（营业收入）等不足。因此，为了更全面、更真实地反映能源企业的全球竞争力，需要对评估方法做根本性的改变。

三　能源企业全球竞争力评估体系设计

本报告综合了各种竞争力观点，采取更接近于迈克尔·波特的分析思路，将能源企业的全球竞争力定义为"在全球能源市场的同行竞争中所具有的相对优势"。竞争力的评估就是对这种"相对优势"的界定与衡量。本报告通过对五个维度（即一级指标）和十一个二级指标进行界定和计算来设计能源企业全球竞争力评估体系。

（一）评估指标的界定

本报告中评估指标分为五个一级指标和十一个二级指标。

1. 规模

规模是衡量企业竞争力的一个重要指标。企业做出一切决策均需考虑其自身的规模和体量。规模作为企业可以控制的要素，是企业过去经营的成果，也可以说是企业未来发展的初始禀赋。在其他条件相同的情况下，规模较大的，有充足要素供给的企业，毫无疑问更具竞争力。因此，在世界经济论坛的全球竞争力报告中，国家的初始禀赋被赋予了40%的权重。本报告中，由于能源企业的规模差距巨大，且在很多国家能源行业仍具有垄断性质或严格受到政府的规制，因此，规模指标作为一级指标被赋予了35%的权重，以便既保证其相对重要性，又避免结果与其相关性过高。规模指标中包含总资产和总收入两个二级指标，权重分别设定为40%和60%。

2. 效率

效率是企业整合利用其资源禀赋的能力。效率的提升推动了第一次工业革命以来人类对自然资源的开发。世界经济论坛的全球竞争力报告中效率指标被赋予了50%的权重，充分体现了对效率的重视。本报告中，效率指标有40%的权重，在一级指标中占比最大。该指标包含资产收益率、人均营收和人均利润三个二级指标，权重分别为40%、20%和40%。

3. 成长

成长在一定程度上是企业经营的成果，与企业管理者的能力、员工素质、市场形势息息相关，是企业竞争力的重要表现。企业过去的成长不等于未来的成长，但两者之间存在高度相关性。本报告中，成长指标作为一级指标被赋予了15%的权重。成长指标包含近三年的年均收入增长率和近三年的年均净资产增长率两个二级指标，权重均为50%。

4. 安全

企业竞争力评估体系中的安全指标主要指财务上的安全性，即企业对债务的偿付能力。偿债能力关系到企业的生存和未来的发展，考验企业在内生冲击或市场急剧负面发展时期的韧性，是企业竞争力的一个基础因素。本报告中，安全指标被赋予了6%的权重。安全指标包含资产负债率和流动比率两个二级指标，权重均为50%。

5. 研发

研发是衡量企业竞争力的一个重要指标。在研发上的大量投入并不必然会带来创新成果，但更重视研发投入的企业，更可能通过创新提高其竞争力。世界经济论坛全球竞争力报告中，创新和完备性指标被赋予了10%的权重。本报告中，由于评估对象企业中研发数据公开程度存在较大差异，因此，研发指标作为一级指标被赋予了相对较小的权重（4%）。研发指标包含研发费用和研发强度两个二级指标，权重均为50%。

（二）指标的计算

1. 各级指标计算方法

企业竞争力得分由5个一级指标（五大支柱）得分加权后获得，一级指标得分在其下辖二级指标得分加权后获得（参考表1）。

表1　企业竞争力的指标和权重分布

一级指标	规模（35%）	效率（40%）	成长（15%）	安全（6%）	研发（4%）
二级指标	总资产（40%）	资产收益率（40%）	三年年均资产增长率(50%)	资产负债率（50%）	研发费用（50%）
	总收入（60%）	人均营收（20%）人均利润（20%）	三年年均收入增长率(50%)	流动比率（50%）	研发强度（50%）

注：可再生能源企业除外。

企业竞争力的得分为：

企业竞争力得分 = 规模得分×35% + 效率得分×40% +
　　　　　　　　成长得分×15% + 安全得分×6% + 研发得分×4%

一级指标的得分，以规模为例：

规模得分 = 总资产得分×40% + 总收入得分×60%

二级指标的得分是其所选取的数据指标进行标准化处理后的结果。二级指标所选取的数据指标即各种与企业相关的数据。数据来自企业公开的财务报告、可持续发展报告、社会责任报告等文件。对于未公开的数据，通过邮件、电话、传真等方式与评估对象企业取得直接联系并明确数据准确性的责任。

可再生能源行业的指标设计和计算与其他传统能源行业稍有不同。不同之处主要体现在两点。首先，可再生能源企业是能源市场的新型主体，行业发展模式、机制、文化和传统能源行业有一定差别，其在体量上总体不大，且增长迅速，因此报告弱化了其规模的影响而着重增强了效率、成长和研发对企业竞争力得分的影响。对高速发展、技术更新迅速且潜在竞争者极多的可再生能源行业而言，这些因素相比规模而言更能成为企业的竞争优势。

其次，可再生能源企业的体量偏小使得企业财务韧性不足，一些知名的新能源企业都曾因负债过高导致破产清算或重组，还有部分企业正在极高的负债下艰难生存。因此，报告也提高了安全维度的权重，目的在于体现对可再生能源企业财务稳健性的关注。可再生能源企业竞争力的指标及权重分布如表2所示。

表2　可再生能源企业竞争力的指标和权重分布

一级指标	规模（25%）	效率（35%）	成长（20%）	安全（10%）	研发（10%）
二级指标	总资产（40%）	资产收益率（40%）	三年年均资产增长率（50%）	资产负债率（50%）	研发费用（50%）
	总收入（60%）	人均营收（30%） 人均利润（30%）	三年年均收入增长率（50%）	流动比率（50%）	研发强度（50%）

可再生能源企业入选名单标准为可再生能源业务收入在总收入中的占比达到30%或可再生能源业务收入在6亿美元以上，这一标准低于其他能源企业总营业收入不低于11亿美元的入选要求。

2. 数值的标准化

二级指标的得分通过对应数据的数值标准化处理后获得。企业E

在指标 A 上的标准化得分（Standard Value）为：

$$SDV(EA) = [V(EA) - V(Amin)]/[V(Amax) - V(Amin)]$$

由于能源企业在各个指标上的表现均有很大差别，若直接采用此方法会导致企业在各项指标上的得分的分布极不合理。这是因为在每项指标下，只有表现最好的几家公司才有合适的标准化得分，而在该指标中排名居中或靠后的企业，该项的得分均接近0。因此，若不对数据进行适当的处理，企业的最终得分就仅取决于其表现极其突出的指标在最终得分中的权重，而非其综合表现。本报告对此采取了数据分段处理的策略。

通过分段处理的办法，合理体现出原始值排名居中部分企业各项指标表现的差异，同时，对各项指标表现最好（差）的企业给予了额外的加（减）分，避免了因对总分进行限制导致的对表现极好（差）企业的过多限制（保护）。

四　数据的筛选与优化

数据是对企业竞争力研究的基础，更是整个项目的重中之重，本着严谨和认真的态度，所有数据均经过收集、确认、补充、核对等一系列步骤。本报告主要依托中国人民大学图书馆数据库中的 OSIRIS 资源和企业的公开数据，通过设置筛选条件，获得对全球能源企业的基础数据。

（一）上市能源企业和数据的来源

本报告中，评估对象中的上市企业主要来自 OSIRIS 数据库。该数据库包含全球范围内上市公司的详尽财务数据（资产负债表、损益表、现金流量表）、评级、股票收益预期、股价系列（年、月、周、日价格数据）与上市公司重大新闻等信息。OSIRIS 数据库涵盖全球 125 个国家的共计 41000 多家各行业公司，库中全部数据源于全球各地区与各行业内的多家专业数据提供商。针对每个企业，有详细的企业分析报表，包括资本规模、从事业务等，全方位展现企业数据。OSIRIS 的特色主要是可以运用复合检索式灵活开展公司搜索。

OSIRIS 中的 GICS 分类标准将企业分成十一大类，分别是能源（energy）、材料（materials）、制造业（industrials）、非必需消费品（consumer discretionary）、必需消费品（consumer staples）、卫生健康（health care）、金融（financials）、信息（information technology）、电信（telecommunication services）、公共事业（utilities）、不动产（real estate）。本报告中的评估对象主要对应其中的能源（energy）、材料（materials）、制造业（industrials）和公共事业（utilities）四类。这四个分类囊括了从事能源开发、能源分配、能源产品生产及能源相关设备提供的企业。

本报告评估对象中的上市企业的数据主要来自 OSIRIS 数据库 2015、2016 和 2017 三个财年的数据，同时通过企业公开信息进行校正和补充。

（二）非上市企业及其数据的来源

考虑到中国在全球能源消费中占据非常重要的位置，且中国还存在大量的非上市能源企业，本报告在分析已有的企业排行榜的基础上，加入了在业务规模和业务范围上符合榜单设计要求的非上市中国能源企业。

中国的非上市企业（集团）常常本身是非上市公司，但下属企业为上市公司。在这种情况下，本报告尽可能采用集团公司数据进行计算和排名。

所有以非美元货币为单位的数据均按该货币在当年 12 月 31 日的美元汇率进行折算。

（三）企业和数据的筛选

首先根据 GICS 分类标准和非上市公司榜单将能源企业以及与能

源相关的企业筛选出来，累计有 3500 余家全球能源及相关企业的大约 15000 条数据形成了报告的原始数据库。然后，进一步筛选出主营业务与能源相关程度高（40% 以上）且规模较大（2017 年营收大于 11 亿美元）的公司。经过两轮初步筛选，获得 800 余家能源企业作为本榜的备选名单。由于某些企业可能以相似的名称在不同交易所上市，因此对该类公司的数据进行了删减。此外，有些企业的数据可能存在错误与遗漏，通过对企业公开信息披露进行查询和邮件咨询，对这些企业的数据进行了二次查询和确认。

对企业进行筛选、增补、删除后，最终剩余 700 余家企业。课题组对每家企业的财务表现、员工信息、研发投入等数据进行前述处理后，从高到低取前 500 名形成全球能源企业竞争力 500 强综合榜单。通过对行业的筛选，获得了电力企业竞争力 100 强分榜、石油天然气企业竞争力 100 强分榜、煤炭企业竞争力 30 强分榜、能源装备制造与服务企业竞争力 20 强分榜以及通过对国家的筛选获得了中国企业竞争力 100 强分榜。

由于可再生能源企业和传统能源企业存在差异，数据可得性也有不同，本报告对可再生能源企业进行单独分析。通过数据库和人工甄别搜寻，获得了全球 130 余家可再生能源企业的相关数据，并根据修正后的可再生能源企业评分模型对其进行评估，最终获得了全球可再生能源企业 100 强榜单。

五　报告的结构

本报告包括 500 强总榜、煤炭榜、油气榜、电力榜、可再生能源榜、能源装备制造与服务榜以及中国企业榜，合计一个总榜和六个分榜。对每个榜单都会从选定的五个维度（一级指标）来分析上榜的企业，企业可以从对榜单的分析中，识别自身的优势和不足，看清对手或合作伙伴的状况，为制定符合自身情况的发展战略提供参考。

　　总榜的意义在于提供一个关于能源行业的开阔视野。在能源互联的时代，传统的行业壁垒逐渐被技术进步打破，能源内部各板块之间互联互通开始深化，加深了解是有效开展业务创新与合作的前提。在这样的背景下，能源企业不能仅仅固守本行业业务（如单一油气、电力等），而应在一个更广阔的视角下关注全球能源行业的发展，关注自身在整个行业中的位置。

　　设立分榜的目的有二。一是分榜单上的企业在业务范围和企业特征上更接近，也更具可比性。设立分榜单是更精准的选择。企业通过与同部门的企业进行比较，能更清楚地看到自己的不足，向表现优异的企业学习经验也更具可行性。二是可以通过分榜单之间的对比，凸显不同部门之间的特点，为企业拓展业务范围或进入某个新行业提供一定参考。

分　报　告

Topical Reports

B.2
能源企业全球竞争力排行总榜

刘　旭　孙洁雄　乐诗悦*

摘　要： 本篇数据基于全球能源企业竞争力数据库 2018，根据全球能源企业的规模、效率、成长、安全和研发五个维度对所有数据加权评分并进行分析。对总榜单的分析结果显示，在入选能源企业全球竞争力 500 强的企业中，美国企业数量最多，中国次之，两国的企业数量均超 100 家；总榜前 100 强中，美国占 27 席，中国占 17 席，两国能源企业入榜数量远超世界其他各国。从行业角度分析来看，总榜前 100 强企业中，油气行业占 72 家，电力行业为 23 家，显示传统能源行业仍在

---

* 刘旭，中国人民大学国际能源战略研究中心执行主任；孙洁雄、乐诗悦，中国人民大学国际能源战略研究中心研究助理。

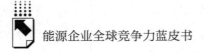

整个能源行业中占据龙头地位。受国际油价上升的影响，油气行业企业在 2017 财年中表现普遍较好，综合得分与排名位次均较上年有较大幅度提升。

关键词： 能源企业　竞争力　500 强

一　榜单概览

本榜单挑选了各国的大型能源企业，从企业的规模、效率、成长、安全和研发五个维度（一级指标）进行加权评分，其中每个维度的权重分别为 35%、40%、15%、6%、4%，并从中选出了得分最靠前的 500 家公司为能源企业全球竞争力 500 强（总榜）。

二　国别分析

在能源企业全球竞争力 500 强中，美国入选企业最多，为 127 家；中国（含香港、台湾企业）居次席，为 104 家；日本第三，为 34 家。与 2017 年榜单相比，美国企业减少 4 家，中国企业增加 3 家，日本企业增加 2 家。美中日三国企业继续占据总榜 500 强中超过一半的名额。其他入选企业数量较多的国家还有加拿大（30 家）、印度（17 家）、英国和俄罗斯（13 家）、巴西（10 家）等。

总榜前 100 强中，美国占 27 席，中国占 17 席，俄罗斯占 7 席，加拿大、印度和日本各占 5 席。与 2017 年榜单不同的是，美国的埃克森美孚公司、菲利普 66 公司和瓦莱罗能源公司占据总榜单前三名。

总榜中企业的主要国家分布如图 1 所示：

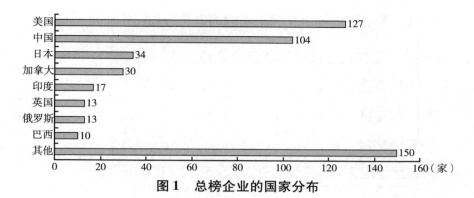

图1　总榜企业的国家分布

总榜前 100 强企业的国家分布如图 2 所示：

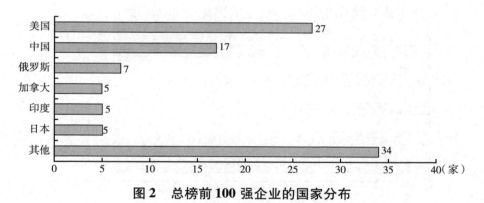

图2　总榜前 100 强企业的国家分布

总榜中规模维度前 100 强企业的国家分布如图 3 所示：

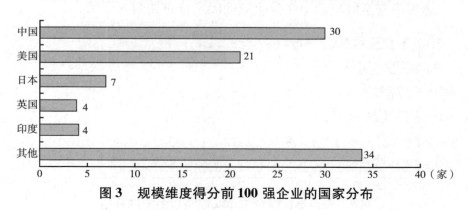

图3　规模维度得分前 100 强企业的国家分布

总榜中效率维度前100强企业的国家分布如图4所示：

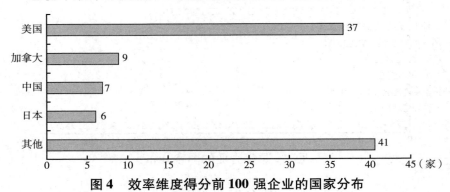

图4　效率维度得分前100强企业的国家分布

总榜中成长维度前100强企业的国家分布如图5所示：

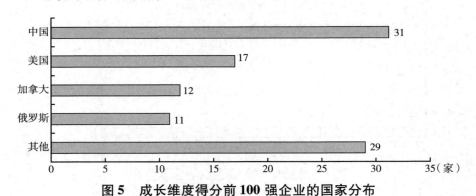

图5　成长维度得分前100强企业的国家分布

总榜中安全维度前100强企业的国家分布如图6所示：

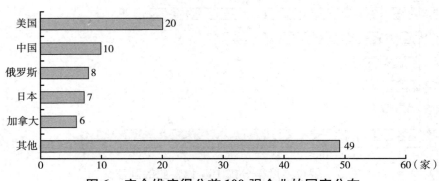

图6　安全维度得分前100强企业的国家分布

总榜中中国企业的各维度表现如表 1 所示。

表 1　总榜中中国企业各维度表现

	规模	效率	成长	安全	研发	平均总分
总榜 500 强	72.33	149.83	67.49	20.74	10.95	315.24
中国企业	81.56	125.39	77.43	16.57	11.92	309.43

中国是世界上最大的能源消费国，2017 年中国能源消费占全球能源消费量的 23.2%，占全球能源消费增长量的 33.6%。从以上各图表中可以看出，中国在全球能源企业 500 强中的企业数量已经超越大部分国家，但中国能源企业平均分相比全球能源企业 500 强的平均分较低，其中在规模、成长和研发等维度上表现相对较好，而在效率和安全两个维度上的表现有所不足，尤其是在效率维度方面严重落后。例如，在效率维度评分最高的前 100 名企业中，只有 7 家中国企业上榜，其中香港与台湾企业占了 4 席，而美国有 37 家企业。部分中国大型国企在效率维度上的得分低于平均分，相对于众多国际能源巨头来说有不小差距，这指出了今后中国企业在提升自身国际竞争力上的努力方向。不过，总体上看中国企业有着远大的发展前景，随着中国能源企业效率的提高，中国能源企业的全球竞争力和影响力将有巨大的上升空间。

三　行业分析

总榜中不同能源行业在各维度上的表现（取平均值）如表 2 所示。

从表 2 可以看出，在总分平均分一栏中煤炭行业 30 强低于整体能源行业平均值，其余各个行业都比整体能源行业高，其中平均分最高

表 2　不同能源行业在各维度上的表现

	规模	效率	成长	安全	研发	平均总分
总榜 500 强	72. 33	149. 83	67. 49	20. 74	10. 95	315. 24
油气 100 强	129. 37	231. 62	78. 87	24. 91	12. 93	471. 88
电力 100 强	104. 63	159. 14	69. 04	15. 52	9. 63	352. 47
煤炭 30 强	61. 84	123. 38	79. 18	16. 19	8. 21	299. 20
能源装备制造与服务 20 强	89. 04	114. 01	75. 61	21. 31	20. 92	316. 71
可再生能源 100 强	67. 08	144. 87	90. 25	39. 71	36. 85	368. 07

注：可再生能源 100 强分榜评分标准有所差异。

的行业为油气行业，其次为可再生能源行业。可见油气作为传统支
柱型能源产业，经过长时间的发展已经形成了非常成熟的产业结
构；而可再生能源作为新兴能源行业，近几年异军突起，发展迅
速，整体发展态势良好。全球煤炭行业发展态势相对低迷但正处于
缓慢恢复中，2016 年全球煤炭产量下降 6.2%，2017 年世界煤炭产
量比 2016 年 3.4%；2017 年全球煤炭消费量逆转连续五年下跌的
颓势，比 2016 年增加 1.0%，从整体上来看煤炭行业仍处于缓慢恢
复发展的态势中。

　　规模维度上，只有油气 100 强、电力 100 强和能源装备制造与服
务 20 强高于总体平均值，煤炭和可再生能源都比整体能源行业低，
其中平均分最高的行业为油气行业，其次为电力行业。本报告适度调
低了规模对可再生能源企业的影响。由于可再生能源行业尚处于起步
阶段，可再生能源的开发也呈现中小型化和分散式等特点，其整体规
模难以和集中度高、规模较大的传统能源行业相比。此外，在效率维
度上煤炭行业和能源装备制造与服务行业的平均分亦低于总体平
均分。

　　成长维度上，评分最高的为可再生能源行业，其次为煤炭行业。
可再生能源作为未来发展的大趋势，对油气等传统能源的替代程度逐

渐提高。可再生能源产业的投资额增长迅速，在能源增量投资中占据的份额也越来越大。能源装备制造与服务行业也是全球能源消费结构调整中的一大重点。随着清洁能源消费量逐步提高，能源装备与服务行业也有较大的成长空间。

研发维度上，可再生能源行业和能源装备制造与服务行业的表现突出，不仅显著高于其他 3 个行业，也大幅高于平均分值。这主要是因为技术研发对这些行业的持续发展有着至关重要的作用。企业为提高自身在行业内的竞争力，对技术研发也极为重视。此外，不少传统能源企业未披露研发信息，因此在数值呈现上进一步拉大了与可再生能源和能源装备制造与服务行业的评分差距。

需要特别指出的是，由于可再生能源的评分标准有所不同，部分行业企业样本数量有所差异，行业对比分析时将考虑到这些因素。

总榜得分最高的 100 家企业的行业分布如图 7 所示：

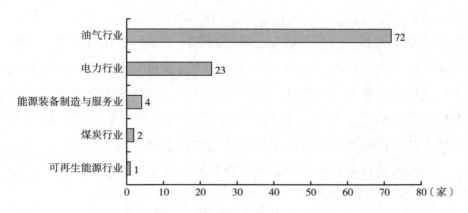

图 7 总榜得分最高的 100 家能源企业的行业分布

注：个别企业归入多个行业。

由图 7 可见，在总分排名前 100 家的企业中，油气企业占 72%，体现出油气行业在整个能源行业中的龙头地位。电力企业占比居其次，达 23%。油气和电力两行业的企业占据了总分前 100 名里的绝大多数位置。与2017年榜单相比，电力行业减少了9家，油气行业增加了10家，反映出2017年油气价格反弹形势下油气行业企业普遍迎来较大发展空间。

四 指标分析

1. 规模维度

从规模维度的评分可以看出，油气行业作为能源行业中的龙头和表现最好的行业。总资产均值和收入均值均超过整个能源行业均值的两倍，体现了该行业重资产、高投入、高产出的特点。在可再生能源行业发展的冲击下，石油产业尽管受到了替代能源的威胁，但可再生能源取代传统能源的过程仍很漫长。随着天然气应用在页岩革命的推动下迅速发展，2017年全球天然气消费自2010年以来实现最快增速，达到3%，未来天然气在能源结构中或将占有更大位置。可再生能源行业作为新兴行业，规模上难以和传统能源行业相提并论，体现出轻、小、快的特点。电力行业、能源装备制造与服务行业和煤炭行业的规模介于前面二者之间，煤炭价格下跌、资产缩水和中国等主要煤炭消费国的"去煤化"使得行业规模呈现下滑态势，部分地区电力行业竞争加剧及产能过剩也抑制了电力行业规模的增长。

不同能源行业规模维度各子指标值的对比如表3所示。

表3 规模维度各子指标值

单位：亿美元

	油气 100强	电力 100强	煤炭 30强	装备制造与服务20强	可再生能源100强	总榜 500强
总资产	645	565	288	427	71	329
总收入	454	215	152	227	28	178

2. 效率维度

在效率维度方面，油气行业同样体现出传统能源行业的成熟和优势，效率为能源行业中最高，其资产收益率、人均营业收入和人均利润都远高于其他行业，尤其人均利润超过整体能源行业平均值的 3 倍。电力行业人均营收和人均利润明显低于油气行业，其资产收益率与油气行业相比差距明显。煤炭行业资产收益率较高，但人均利润较低。能源装备制造与服务行业的资产收益率低于所有其他能源行业，但人均营收高于煤炭行业。可再生能源行业尽管资产收益率较低，但人均营收与人均利润好于能源装备制造与服务行业和煤炭行业，这得益于各国的政策支持。

不同能源行业效率维度各子指标值的对比如表 4 所示。

表 4　效率维度各子指标值

	油气 100 强	电力 100 强	煤炭 30 强	能源装备制造 与服务 20 强	可再生能源 100 强	总榜 500 强
资产收益率(%)	6.99	3.67	4.69	2.15	2.29	3.27
人均营收(万美元)	429	111	33	64	75	178
人均利润(万美元)	25.2	11.6	2.7	2.0	4.2	7.3

3. 成长维度

就成长维度而言，整个能源行业的营业收入与利润自 2017 年以来处于回暖阶段。与 2017 年榜单相比，总体数据都有了大幅改善。油气价格在 2017 年实现反弹，油气行业的近三年年均收入增长率与净资产增长率均较高。煤炭行业由于 2017 年整体煤炭产量与消费回暖，成长维度表现较好。电力行业在前几年能源行业整体表现低迷的情况下发展相对稳健，其近三年年均收入增长率与净资产增长率的变动幅度相对油气和煤炭企业来说较小，增速的变化幅度不明显。能源装备制造与服务行业与可再生能源行业在近三年年均收入增长率与净资产增长率方面均增速明显，需要指出的是，2017年可再生能源发电比上年增长了17%，高于近十年平均值，也是有记录以来的最大年增长，显示了可再生能源行业巨大的成长空间。

不同能源行业成长维度子指标值的对比如表5所示。

表5 成长维度各子指标值

单位：%

	油气100强	电力100强	煤炭30强	能源装备制造与服务20强	可再生能源100强	总榜500强
近三年年均收入增长率	11.87	7.46	12.82	12.05	14.08	7.76
近三年年均净资产增长率	17.05	10.19	17.53	19.13	13.83	8.59

4.安全维度

就安全维度而言，油气行业资产负债率在整个能源行业中最低，流动比率较高，体现出行业资本密集、投资风险高和企业资金储备要求雄厚的特点，这也是行业企业抗风险意识的体现。电力行业的流动比率为整个能源行业中最低，资产负债率较高。煤炭行业资产负债率较高，尽管2017年煤炭行业回暖，但在长期的高负债的累积下，其财务能力改善有限。能源装备制造与服务和可再生能源行业拥有较高的流动比率和较低的负债率，反映了这两个行业行业较好的发展现状。

不同能源行业安全维度子指标值的对比如表6所示。

表6 安全维度各子指标值

	油气100强	电力100强	煤炭30强	能源装备制造与服务20强	可再生能源100强	总榜500强
流动比率	1.36	1.03	1.05	1.38	1.37	1.29
资产负债率(%)	55	69	68	63	63	63

5. 研发维度

　　总榜和各行业分榜均存在相当数量的企业未在年报或财报中公布研发数据。具体而言，总榜中公布数据的企业数量为 221 家，油气 100 强中 55 家，电力 100 强中 43 家，煤炭 30 强中 17 家，能源装备制造与服务 20 强中 16 家，可再生能源 100 强中 71 家。能源装备制造与服务和可再生能源等两个行业的企业数据公布比重较高。就研发维度而言，油气、电力和煤炭等传统能源行业研发强度较低，反映了行业技术成熟度较高的特点。可再生能源和能源装备制造与服务两个行业研发强度较高，体现出其依靠技术和产品竞争获得发展的行业生态。

　　不同能源行业研发维度子指标值的对比如表 7 所示：

表 7　研发维度各子指标值

	油气 100 强	电力 100 强	煤炭 30 强	能源装备制造与服务 20 强	可再生能源 100 强	总榜 500 强
研发费用（万美元）	31299	14543	6149	39200	4709	16973
研发强度（%）	0.75	0.40	0.50	2.32	2.12	0.98

B.3
煤炭企业全球竞争力分榜

李 尧　白天舒　林雨桐*

摘　要： 在煤炭企业前30强中，中国企业在数量上远远超过其他国家，中国仍然是全球煤炭行业的主导国家，但是相比2017年榜单来说主导地位有所下降。美国排名第二，仅有4家企业上榜，不过仍然具有一定的竞争力。中国煤炭企业的最大优势在于其规模，但效率是短板。相较于其他能源行业，煤炭行业的特征为较小的规模、较低的效率及较少的研发投入，且有较高的资产负债率。2017年煤炭行业呈现出良好的增长趋势，在成长维度指标中高于能源行业平均值。煤炭企业综合得分位列第一的为国家能源投资集团有限责任公司，其他国家排名最高的为南非的爱索矿业公司。除此之外，美国企业和印度尼西亚的巴彦资源有限公司分别在效率维度与成长维度上呈现出较高水平。

关键词： 能源企业　竞争力　煤炭

一　榜单概览

本榜单挑选了各国的大型煤炭企业，从企业的规模、效率、成

---

* 李尧，中国人民大学国际能源战略研究中心客座研究员；白天舒、林雨桐，中国人民大学国际能源战略研究中心研究助理。

长、安全和研发五个维度进行加权评分，其中每个维度的权重分别为35%、40%、15%、6%、4%，并从中选出了得分最靠前的30家公司为煤炭企业30强。

二 国别分析

在煤炭企业前30强中，20个是中国企业，在数量上远远超过其他国家，排名第二的美国上榜企业的数量为4个。从表中可以看出，虽然美国有4家公司进入了煤炭行业30强，数量上不算很多，但是个别公司还是具有一定竞争力的，如阿奇煤炭公司排在榜单中的第7位。

煤炭行业30强企业的国家分布如图1所示：

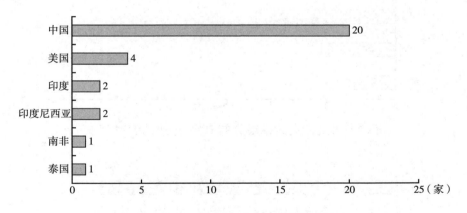

图1　煤炭行业30强企业的国家分布

煤炭行业综合得分前10强企业中，中国占据6席，印度尼西亚占2席，美国和南非各占1席（如图2所示）。

煤炭行业规模维度前10强企业全部为中国企业。

煤炭行业效率维度前10强企业的国家分布如图3所示。

煤炭行业成长维度前10强企业的国家分布如图4所示。

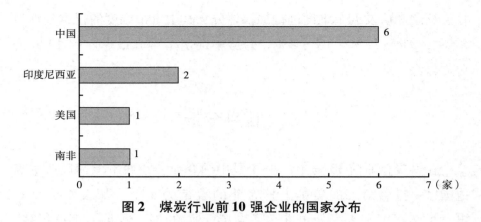

图 2　煤炭行业前 10 强企业的国家分布

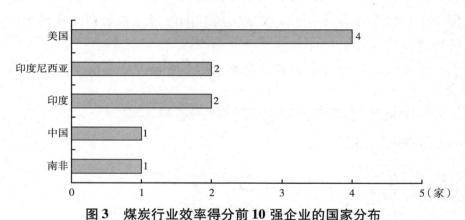

图 3　煤炭行业效率得分前 10 强企业的国家分布

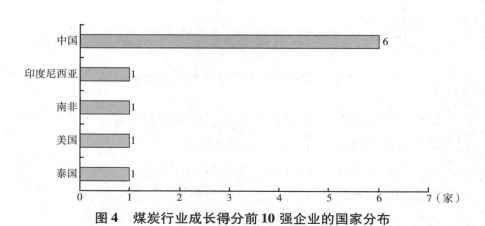

图 4　煤炭行业成长得分前 10 强企业的国家分布

煤炭行业安全维度前 10 强企业的国家分布如图 5 所示。

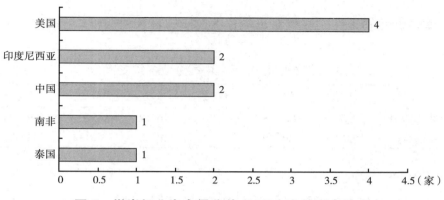

图 5　煤炭行业安全得分前 10 强企业的国家分布

　　由上面这些图可以看出，中国仍然是全球煤炭行业的主导国家，这主要基于两个原因：一是中国当前仍以煤炭为主体能源；二是中国是全球最大的能源消费国，占据了全球约一半的能源消费量。再加上中国国内煤炭资源相对丰富，中国企业在全球煤炭行业比较中占据突出主导位置比较正常。但同时，与 2017 年榜单相比，发现 2018 年榜单中中国在煤炭行业的主导地位有一定程度的下降。这主要表现在两个方面：一是在煤炭行业 30 强企业中，中国企业数量从 2017 年榜单的 21 家减少到 20 家；二是进入效率维度前 10 的企业从 2017 年榜单的 3 家减少到 1 家，而美国企业则从 2 家增加到 4 家。对比可以看出，美国煤炭企业在 2017 财年中有了较大的发展，并对中国煤炭企业主导地位的下降产生了直接的影响。不过在成长维度方面，中国企业表现较为出色。成长得分前 10 企业中，中国企业占据 6 席。

　　中国煤炭企业还是有很多缺陷和不足。由表 1 可看出，中国煤炭企业最大的优势是规模，而在效率方面却低于平均水平。在所有入榜的中国企业中，仅有内蒙古伊泰煤炭股份有限公司和国家能源投资集团有限责任公司两家企业的效率得分高于上榜企业平均水平，这反映了中国企业低效运营的普遍特征。在安全维度上中国企业得分也较低，这是因为中国的大型煤炭企业主要是国有企业，国企拥有一定的举债融资便利条件，并且对负债程度的敏感性相对较低。

表1　煤炭行业30强中中国企业各维度得分

	规模	效率	成长	安全	研发	总分
煤炭30强	61.84	123.38	79.18	16.19	4.66	299.20
中国企业	100.95	95.20	79.31	10.68	8.43	292.90

三　横向比较分析

煤炭行业30强和整个能源行业在各维度上的表现如表2所示。

表2　各分榜企业不同维度得分均值比较

	规模	效率	成长	安全	研发	平均总分
总榜500强	72.33	149.83	67.49	20.74	10.95	315.24
油气100强	129.37	231.62	78.87	24.91	12.93	471.88
电力100强	104.63	159.14	69.04	15.52	9.63	352.47
煤炭30强	61.84	123.38	79.18	16.19	8.21	299.20
能源装备制造与服务20强	89.04	114.01	75.61	21.31	20.92	316.71
可再生能源100强	67.08	144.87	90.25	39.71	36.85	368.07

注：可再生能源100强分榜评分标准有所差异。

由表2可看出煤炭行业在除成长之外的其他维度上的表现总体上差于整体能源行业，显著差于油气、电力和可再生能源行业。相比于2017年榜单，煤炭行业在规模和效率上的得分有所降低，尤其是效率维度降幅较大，而在成长、研发和安全这三项上的得分略有提升。

煤炭企业相比于整体能源行业劣势较大有很多原因，但主要原因在于全球能源向清洁低碳转型，导致煤炭的发展空间受限。一方面部分煤炭企业满足于传统简单生产和利用，另一方面煤炭行业在创新应用和附加值提升方面尚未探索出成功的道路，提升煤炭企业竞争力困难重重。但是相比于2017年榜单在各维度上平均表现均明显差于整体能源行业的情况，在2018年榜单中煤炭行业整体有了一定的提升，特别是在成长维度方面。

四　行业指标分析

1. 规模维度

就规模维度子指标而言，2017年中国经济稳中有升，能源需求回暖，煤炭消费量上升，导致煤企平均收入提高。由于煤炭低附加值的特点，煤炭企业总资产及总收入都低于能源行业平均水平。

规模维度子指标值的对比如表3所示。

表3　规模维度子指标值表现

单位：亿美元

	煤炭30强	总榜500强
总资产	288	329
总收入	152	178

2. 效率维度

就效率维度子指标而言，由表4也可看出，煤炭行业在人均创收方面远低于能源行业总体水平，这与煤炭的低附加值有一定关系，因此其人均利润相较于整个能源行业也较低。

效率维度子指标值的对比如表4所示。

表 4　效率维度子指标值表现

	煤炭 30 强	总榜 500 强
资产收益率(%)	4.69	3.27
人均营收(万美元)	33	178
人均利润(万美元)	2.7	7.3

3. 成长维度

就成长维度的子指标而言，相比 2017 年榜单煤炭行业的近三年年均收入增长率及净资产增长率大大提高。

成长维度子指标值的对比如表 5 所示。

表 5　成长维度子指标值表现

单位：%

	煤炭 30 强	总榜 500 强
近三年年均收入增长率	12.82	7.76
近三年年均净资产增长率	17.53	8.59

4. 安全维度

就安全维度的子指标而言，煤炭行业的资产负债率较高。其中，中国煤炭企业普遍较高的资产负债率对行业总体产生了影响。

安全维度子指标值的对比如表 6 所示。

表 6　安全维度子指标值表现

	煤炭 30 强	总榜 500 强
流动比率	1.05	1.29
资产负债率(%)	68	63

5. 研发维度

就研发维度的子指标而言，煤炭行业的研发水平偏低，部分原因是煤炭业产、运、销、用体系相对成熟，同时也反映了部分企业研发动力不足的问题。

研发维度的子指标值对比如表7所示。

表7　研发维度子指标值表现

	煤炭30强	总榜500强
研发费用（万美元）	6149	16973
研发强度（%）	0.50	0.98

五　典型企业分析

1. 国家能源投资集团有限责任公司（CHN ENERGY INVESTMENT GROUP CO., LTD，下文简称"国家能源集团"）

国家能源集团是2017年8月经国务院批准，由中国国电集团和神华集团有限责任公司合并重组形成的公司。国家能源集团处于煤炭企业30强榜单榜首，在总榜500强中排名第45位。截至2017年末，国家能源集团总资产为1512.6亿美元，远高于30强榜288亿美元的均值，约为煤炭企业30强榜单中排名第二的国家开发投资集团有限公司的两倍，在规模维度上具有不可撼动的优势。值得注意的是，其资产收益率为4.35%，低于煤炭企业30强榜的平均水平，且人均营业收入和人均利润均远低于行业平均水平，说明该企业在运营效率方面仍有巨大提升空间。

2. 爱索矿业公司(EXXARO RESOURCES LIMITED，下文简称"爱索矿业")

爱索矿业凭借较强的资产运营效率和成长优势排在煤炭企业30强榜单第5位、总榜单第123位，是除中国企业之外排名最为靠前的煤炭企业。爱索矿业创立于2000年，总部位于南非的普勒托利亚。爱索矿业资产规模不大，截至2017年末总资产仅为50.7亿美元，约为中国国家能源集团的1/30，但其经营效率远高于同行，是煤炭企业30强榜中效率维度表现最好的企业，资产收益率达到9.56%，人均利润近7万美元。爱索矿业在成长维度上的表现也十分亮眼，近三年年均收入增长率为25.9%，近三年年均净资产增长率为20.4%，均处于行业较高水平。爱索矿业对研发缺乏重视，2017财年未公布研发活动相关信息。

3. 美国康图拉能源公司（CONTURA ENERGY INC，下文简称"康图拉能源"）

康图拉能源在2018年能源企业全球竞争力总榜中排第230名，在煤炭企业30强榜中位列第12名，但在煤炭榜的效率维度上的表现极为突出。康图拉能源的资产收益率达到18.47%，远超4.69%的行业平均水平；人均营业收入超过97万美元，人均利润超过9万美元，人均营业收入与人均利润约为行业平均值的三倍。

4. 巴彦资源有限公司（BAYAN RESOURCES TBK.，PT，下文简称"巴彦资源"）

巴彦资源排在煤炭行业榜单第6位，总榜排第126名。在成长维度上表现突出，近三年年均收入增长率为行业第一，约为51%，近三年年均净资产增长率约为73%，成长速度远超行业平均水平。

B.4
石油天然气企业全球竞争力分榜

摘　要： 在油气企业 100 强中，美国入选企业最多，仍领跑该榜，中国与美国仍有较大差距，美中加俄四国企业在油气企业 100 强中所占名额过半。相对国外油气企业，中国企业在成长方面表现较好，在安全、研发方面的表现不足，效率则为明显短板。随着供给过剩局面逐步得到改善，油企收入已跨过止跌阶段重新迈入回升周期，利润状况得到大幅改善，油气行业总分在全球能源行业中处于领军位置，其规模、效率维度均值均为各行业之首。在典型企业案例中，埃克森美孚公司、菲利普 66 公司、瓦莱罗能源公司的企业综合得分表现优异，JXTG 控股株式会社则在成长维度彰显非凡优势。

关键词： 能源企业　竞争力　石油　天然气

一　榜单概览

本榜单挑选了各国的大型油气企业，从企业的规模、效率、成

---

* 刘旭，中国人民大学国际能源战略研究中心执行主任；王思羽，中国人民大学国际能源战略研究中心助理研究员。

长、安全和研发五个维度进行加权评分,其中每个维度的权重分别为35%、40%、15%、6%、4%,并从中选出了得分最靠前的100家公司为油气企业100强。

二　国别分析

在油气企业100强中,美国入选企业最多,为27家;中国居次席,共13家(含香港和台湾企业);加拿大排在第三位,为9家;俄罗斯排名第四,为8家。美中加俄四国企业在油气企业100强中占比超过50%。其他入选企业数量较多的国家还有印度和日本(各4家)、泰国和意大利(各3家)等。在前20强中,美国企业占4席,俄罗斯和中国企业各占3席。美国的埃克森美孚公司、菲利普66公司、瓦莱罗能源公司位列前三。

油气行业100强企业中的主要国家分布如图1所示。

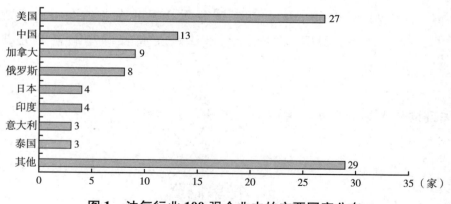

图1　油气行业100强企业中的主要国家分布

油气行业前20强企业中的国家分布如图2所示。
油气行业规模维度前20强企业的国家分布如图3所示。
油气行业效率维度前20强企业的国家分布如图4所示。

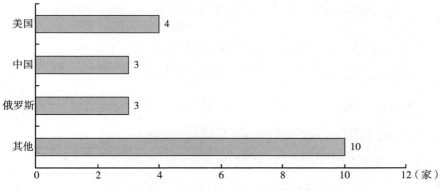

图2 油气行业前20强企业中的国家分布

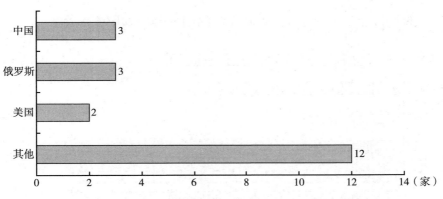

图3 油气行业规模维度得分前20强企业的国家分布

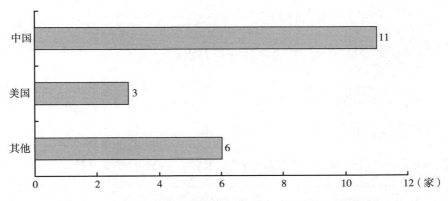

图4 油气行业效率维度得分前20强企业的国家分布

油气行业成长维度前 20 强企业的国家分布如图 5 所示：

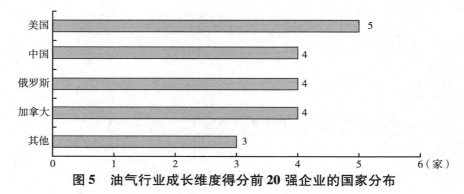

图 5　油气行业成长维度得分前 20 强企业的国家分布

油气行业安全维度前 20 强企业的国家分布如图 6 所示：

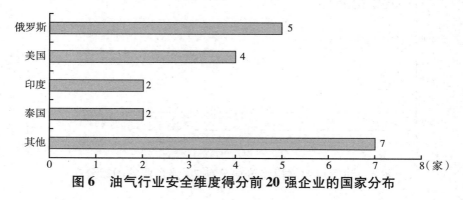

图 6　油气行业安全维度得分前 20 强企业的国家分布

油气行业研发维度前 20 强企业的国家分布如图 7 所示：

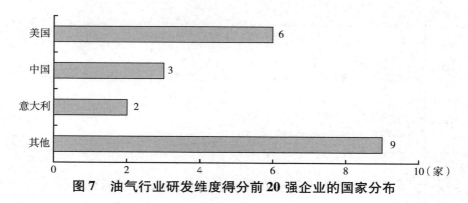

图 7　油气行业研发维度得分前 20 强企业的国家分布

油气行业分榜中中国企业的各维度表现如表 1 所示：

表 1　油气行业分榜中中国企业各维度得分

	规模	效率	成长	安全	研发	平均总分
油气 100 强	129.37	231.62	78.87	24.91	12.93	471.88
中国企业	148.70	196.24	89.43	22.21	14.38	466.54

以上各图表数据说明：首先，美国仍领跑油气百强榜，在油气领域的国际竞争力十分强。其次，在包括香港和台湾地区企业在内的情况下，中国有 13 家企业入围百强，虽保持第二位，却与美国仍有较大差距，而俄罗斯、加拿大以微弱差距紧随中国之后。与 2017 年榜单相比，加拿大的企业竞争力变化最为明显，由于页岩行业市场的拓展，加拿大的油气百强企业从 5 席升至 9 席。

相对国外油气企业来说，中国企业在成长和研发方面表现较好，在效率方面则处于明显劣势，在安全方面的表现略显不足。例如，中国石油天然气集团有限公司（下文简称"中国石油集团"）在规模排名上位居全球第一，但在效率方面则排在全球倒数第三，导致其在油气综合榜中仅排在第 20 位；位居油气规模榜第二席的中国石油化工集团有限公司（下文简称"中国石化集团"），在效率榜中排倒数第 6 位；综合得分排在油气榜第 14 位的中国海洋石油集团有限公司（下文简称"中国海油集团"），在效率方面则排在倒数第 14 位。由此可见，中国三家最大的油气公司在效率排名方面明显落后于国际油气巨头，特别是与位列榜单前三位的美国公司有着巨大差距。

三　横向比较分析

油气企业 100 强和整个能源行业在各维度上的表现如表 2 所示：

表2　各分榜企业不同维度得分均值比较

	规模	效率	成长	安全	研发	平均总分
总榜500强	72.33	149.83	67.49	20.74	10.95	315.24
油气100强	129.37	231.62	78.87	24.91	12.93	471.88
电力100强	104.63	159.14	69.04	15.52	9.63	352.47
煤炭30强	61.84	123.38	79.18	16.19	8.21	299.20
能源装备制造与服务20强	89.04	114.01	75.61	21.31	20.92	316.71
可再生能源100强	67.08	144.87	90.25	39.71	36.85	368.07

注：可再生能源100强分榜评分标准与其他有所差异。

由表2可见，油气行业在全球能源行业中处于领军位置，平均总分最高，规模和效率维度得分均为各行业之首，安全维度得分仅低于可再生能源行业，研发维度得分大幅低于可再生能源和能源装备制造与服务行业，成长维度得分低于可再生能源和煤炭行业。

油气行业在规模和效率维度上具有较大优势，首先是因为油气能源仍然是全球能源消费的主体；其次，油气也是目前大多数化工、纺织商品的主要原材料；最后，油气行业基础设施规模庞大，行业技术涉及面广，资金密度高，生产回报率较高。

油气行业在成长维度上表现一般，但由于全球油价回升，油气行业的成长维度得分超过电力和能源装备制造与服务行业，较2017年榜单有明显跃升。但全球经济增长放缓和可再生能源发展势头迅猛等因素对油气行业的未来发展仍将造成一定程度的负面影响。

四　行业指标分析

1. 规模维度

就规模维度子指标而言，全球油价的回升和国际市场对天然气需求度增加使油气企业总收入及净利润均有较大幅度攀升，2018年油气企业 100 强榜单的总资产均值达到 645 亿美元，大幅超过总榜均值。

自 2016 年国际油价触底反弹，2017 年国际油价振荡上行，国际市场供给过剩的局面逐步得到改善，正在向着供需平衡方向迈进，油气企业收入已跨过止跌阶段重新迈入回升周期，利润状况得到大幅改善。

规模维度子指标值的对比如表 3 所示：

表 3　规模维度子指标值表现

单位：亿美元

	油气 100 强	总榜 500 强
总资产	645	329
总收入	454	178

2. 效率维度

在效率维度方面，油气行业效率为整个能源行业中最高。全球油气行业是资金和技术密集型行业，员工人数也相对较少。油气行业在低迷阶段为维持收益率进行了一系列改革措施，较多油气企业为此而压缩投资与开支、裁减人员，在油价气价走高的趋势下提升整个行业效率。油气行业在资产收益率、人均营收和人均利润方面较 2017 年榜单跃升显著。

效率维度子指标值的对比如表 4 所示：

表 4　效率维度子指标值表现

	油气 100 强	总榜 500 强
资产收益率（%）	6.99	3.27
人均营收（万美元）	429	178
人均利润（万美元）	25.2	7.3

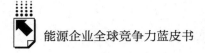

3. 成长维度

就成长维度而言，油气行业总体状况一般，在能源行业中处于中间位置，略高于能源装备制造与服务和电力行业。其中，由于2017年度国际市场内部对油价进行的供给侧调控逐现成效，使得油气企业100强的近三年年均收入均值由负转正，而近三年净资产增长率也显著增加，整个行业复苏势头良好。

成长维度子指标的对比如表5所示：

表5　成长维度子指标表现

单位：%

	油气100强	总榜500强
近三年年均收入增长率	11.87	7.76
近三年年均净资产增长率	17.05	8.59

4. 安全维度

在安全维度上，油气行业得分仅次于可再生能源行业，整体情况较好。资产负债率均值低于总榜均值，也是所有行业分榜中最低的。流动比率则处于居中位置，低于能源装备与服务行业，与可再生能源行业持平，高于电力和煤炭行业。油气企业在安全维度表现一直较好，体现行业风险防控意识较强、资金周转较快的特征。

效率维度子指标值的对比如表6所示：

表6　效率维度子指标值表现

	油气100强	总榜500强
流动比率	1.36	1.29
资产负债率（%）	55	63

5. 研发维度

就研发维度而言，油气 100 强企业研发数据公布率较高，超过 50%。从能够获取的数据来看，油气行业研发投入明显高于整体能源行业均值，但研发强度与整个能源行业均值持平。与可再生能源和能源装备制造与服务行业相比，油气行业在研发方面的表现仍有较大不足。

研发维度子指标值的对比如表 7 所示：

表 7　研发维度子指标值表现

	油气 100 强	总榜 500 强
研发费用(万美元)	31299	16973
研发强度(%)	0.75	0.98

五　典型企业分析

1. 埃克森美孚公司（Exxon Mobil Corporation，下文简称"埃克森美孚"）

埃克森美孚在总榜与油气榜均排名第 1 位。在国际油价回升趋势下，埃克森美孚近三年净资产增长率已实现由负转正，保持了较好的增长势头。作为油气行业第一梯队的老牌劲旅，该公司资产优良，业务稳健，规模得分位列油气榜的第 4 位（总榜第 5 位），得分大幅超过第 2 位的菲利普 66 公司和第 3 位的瓦莱罗能源公司。埃克森美孚在维持巨大规模的同时，还保持了较高的效率。效率维度得分虽然位居油气 100 强榜第 28 位，但在油气总分前十强中排第 3 位。此外，其研发强度和研发费用在油气榜前 3 名中排名第 1 位，研发维度得分在总榜中位列第十，油气榜中位列第三，在油气前 10 强中担任领跑者。埃克森美孚虽没有某一领域的突出成绩，但又在每一个领域保持靠前位置，因此综合表现突出，从而显示该公司的行业竞争优势。

2. 菲利普66公司（Phillips 66，下文简称"菲利普66"）

菲利普66在总榜与油气榜均排名第2位。菲利普66虽然在规模方面无法与油气行业老牌巨头相比，但该公司有着突出的效率和较好的防控风险能力。人均营收和近三年年均资产收益率均排在综合榜与油气榜中的靠前位置。效率维度得分在单项排名中排第3位，位列油气榜前10强的第1位。在美国国内针对化石能源行业复苏采取积极政策和全球油价回升的背景下，作为主攻油气下游产业的美国传统大型能源集团之一，菲利普66在成长维度上的得分大幅提高。流动比率在油气榜10强中排名第三，显示其有着较高的防控风险能力。

3. 瓦莱罗能源公司（Valero Energy Corporation，下文简称"瓦莱罗能源"）

瓦莱罗能源在总榜与油气榜中均排名第3位。瓦莱罗能源在众多方面与位居第二的菲利普66不分伯仲。规模位居油气榜中的第22位，也是油气行业排行榜前10强中规模最小的企业，但效率得分却是油气榜前10强中最优秀的企业之一，仅次于菲利普66。瓦莱罗能源在诸多维度上优势突出，人均营业收入位居油气榜第5位，人均利润位居油气榜第18位。流动比率为1.744，位居油气榜单项排名第18位，这三项在油气榜前10强中均位居第一，也奠定了该公司在总榜和油气榜总分第三的名次。

瓦莱罗能源主要经营领域集中于油气行业下游，该公司在美国、加拿大、英国和加勒比地区拥有16家大型炼化厂，原油加工能力为每天生产310万桶，11家乙醇装置生产能力约为每天生产12亿加仑，在美国、加拿大、英国和加勒比地区拥有约7400个挂牌零售和批发网点。

4. JXTG 控股有限公司（Jxtg Holdings，下文简称"JXTG 控股"）

JXTG 控股是日本最大的油气公司，在总榜与油气榜中均排名第8 位。

JXTG 控股在规模上无法比肩国际油气能源的传统巨头，得分位于油气榜第 17 位，在油气前 10 强中仅高于菲利普 66 和瓦莱罗能源，且在效率、研发和安全方面均表现平平。然而，该公司的成长维度表现突出。在全球油气行业逐步复苏的背景下，近三年年均收入增长率达到了 11.8%，同时近三年年均净资产增长率达到 26.7%，在油气前 10 强中排名第一。

JXTG 控股在成长维度的得分优势，更多基于其多样化的业务分部，这在很大程度上减轻了该公司在全球油气市场低迷阶段的受创程度。该公司的核心业务不仅包含油气的上下游产业，还包括日本实力最强的非铁有色金属的开发和炼化加工业。此外，JXTG 控股还涉及垃圾废料处理、电材料加工等相关产业，并在 2017 年收购了东燃通用石油株式会社，也因此正式成为日本电力市场的重要参与者。

B.5
电力企业全球竞争力分榜

李尧 宋博*

摘 要： 该篇数据基于"全球电力企业竞争力数据库2018"，根据电力企业的规模、效率、成长、安全和研发五个维度对所有数据加权评分并进行分析。分析结果显示，在地域分布上依然集中在主要的电力消费市场，从地域分布看，亚太和欧洲地区的电力企业保持了迅猛的发展势头，中东的电力企业也开始冲进榜单前列。展望未来，受到中国"一带一路"政策的影响，新兴市场的电力产业发展将会加速，中国的电力公司在开拓新兴市场方面可能会占据更大的优势。国家电网有限公司等企业凭借庞大的综合实力保持着行业领先地位。但是崛起的可再生能源公司使其在电力企业群中不可忽视。

关键词： 能源企业 竞争力 电力

一 榜单概览

本榜单挑选了各国的大型电力企业，从企业的规模、效率、成

---

* 李尧，中国人民大学国际能源战略研究中心客座研究员；宋博，中国人民大学国际能源战略研究中心助理研究员。

长、安全和研发五个维度进行评分，其中每个维度的权重分别为35%、40%、15%、6%、4%，并从中选出了得分最靠前的前100家公司为电力企业100强。

二 国别分析

在电力企业100强中，中美日德四国企业合计占据榜单超过一半的名额，美国上榜企业最多，有22家，但与2017年榜单相比有所减少。中国（含香港和台湾地区企业）紧随其后，有21家上榜。日本和德国各有6家。在前20强中，中国企业占据较大优势，共有6家，德国有3家，美国与法国各有2家。在前10强中没有美国企业入围。除中国外，企业入围前20强的其他国家有意大利、丹麦、沙特阿拉伯、西班牙、日本、韩国和英国。相比2017年榜单，沙特阿拉伯成为新晋20强的国家。

电力行业100强企业的国家分布如图1所示：

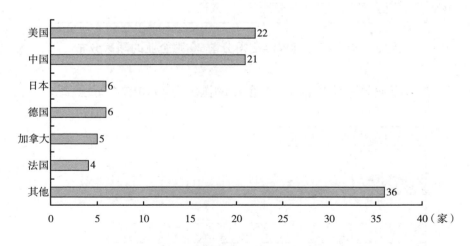

图1 电力行业100强企业的国家分布

电力行业 20 强企业的国家分布如图 2 所示:

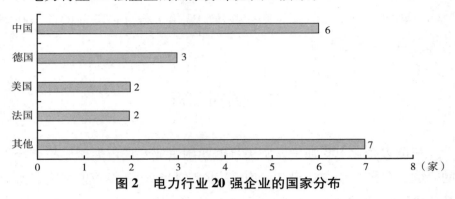

图 2　电力行业 20 强企业的国家分布

电力行业规模维度前 20 强企业的国家分布如图 3 所示:

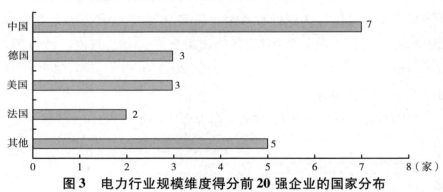

图 3　电力行业规模维度得分前 20 强企业的国家分布

电力行业效率维度前 20 强企业的国家分布如图 4 所示:

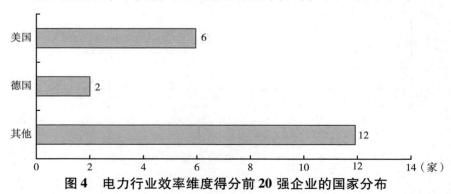

图 4　电力行业效率维度得分前 20 强企业的国家分布

电力行业成长维度前 20 强企业的国家分布如图 5 所示：

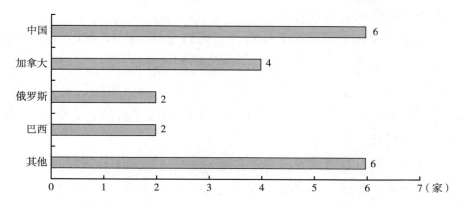

图 5　电力行业成长维度得分前 20 强企业的国家分布

电力行业安全维度前 20 强企业的国家分布如图 6 所示：

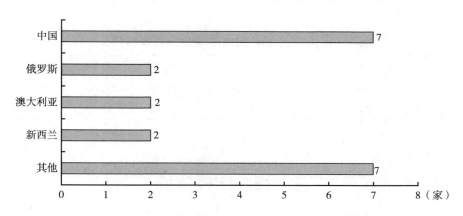

图 6　电力行业安全维度得分前 20 强企业的国家分布

过去几年在经济发展动力不足和电力需求持续低迷的背景下，中国电力企业发展后劲充足，在国际电力领域占据了优势地位，已经成为与美国相当的世界电力大国。在规模、成长和安全维度，中国企业都已经形成了较强的全球竞争力，表明中国电力行业发展水平处于相对优势地位。但是，2017～2018 年，受限于环保压力和经济低迷影响，中国企业的发展速度明显放缓，而欧美企业和新兴市场国家企业的发展开始呈现追赶势头。

仔细审视各个维度的上榜企业，可以发现，2017 财年依然未能出现在各个维度上都能占据较好排位的中国企业。相关企业的发展"偏科"明显，几乎每个企业都在某个维度上处于明显的劣势地位。这种"短板效应"对中国企业未来的发展构成了挑战，克服"短板效应"依然任重道远。

从表 1 可以看出，中国企业在规模和研发维度上显著超过行业国际平均水平，在成长和安全维度上略微超过行业国际平均水平，但在效率方面明显低于行业国际平均水平。中国企业的上述表现说明中国电力大国的综合实力在进一步提升，但同时在效率维度的劣势显示出中国企业在公司管理和业务精细化等领域还面临较多的挑战。

表 1　电力行业 100 强中中国企业各维度得分

	规模	效率	成长	安全	研发	总分
电力 100 强	104.63	159.14	69.04	15.52	9.63	352.47
中国企业	141.42	127.14	75.94	16.56	11.79	370.04

三　横向比较分析

电力企业 100 强和整个能源行业在各维度上的表现如表 2 所示。

表 2　各分榜企业不同维度得分均值比较

	规模	效率	成长	安全	研发	总分
总榜 500 强	72.33	149.83	67.49	20.74	10.95	315.24
油气 100 强	129.37	231.62	78.87	24.91	12.93	471.88
电力 100 强	104.63	159.14	69.04	15.52	9.63	352.47

续表

	规模	效率	成长	安全	研发	总分
煤炭 30 强	61.84	123.38	79.18	16.19	8.21	299.20
能源装备制造与服务 20 强	89.04	114.01	75.61	21.31	20.92	316.71
可再生能源 100 强	67.08	144.87	90.25	39.71	36.85	368.07

注：可再生能源 100 强分榜评分标准有所差异。

由表 2 可以看出，电力行业在能源行业中是仅次于油气行业和可再生能源行业的重要行业。电力行业在规模和效率维度上得分仅次于油气行业，但在成长、安全和研发维度上的得分大部分低于其他能源行业。

电力行业在规模和效率上具有较大优势，有几个原因：首先，作为现代基础设施产业，电力行业本身具有投资规模大，效率较高的特点。经济全球化的发展，促进世界产业链重构，为电力行业推动大机组和大电网的建设提供了良好环境。电力行业本身也具有传统的规模最优效应，更大规模的投入可以明显获得更好的效力提升。其次，进入 21 世纪以来，能源技术的发展和能源产业的全局性变革均"以电为基"。交通运输产业的电气化、可再生能源的跃进式发展，都对电力行业的再次布局提出了新的需求。电力行业因此得以保持更好的规模和效率增长。

在安全和研发方面，电力行业的得分较低，主要是受电力行业回报率低和回报周期较长的影响，大多数电力企业尤其是电网企业背负较多的负债，影响了企业的现金流。在电力 100 强榜中，根据已公开的研发数据，电力企业在 2017 财年的研发投入总和仅为 62.5 亿美元，仅比 2016 财年增加了 3.5 亿美元。同时，依然有超过 60 家电力企业没有或未披露研发投入，与榜单头部企业动辄千亿美元的资产规模相比，显得微不足道。造成这种现象有两方面原因：一方面是大部分电力企业是以运营为主的电网或发电企业，此类企业的大量支出用于相关基础设施的维护保养。除非具有相当的规模，一般性的企业难以负担较为明显的研发支出。另一方面是电力企业将大量的新技术开发和应用以装备采购或服务外包的形式转移给能源装备制造与服务企业或可再生能源企业，此类费用难以通过研发支出的形式得以体现。

与2017年榜单相比，电力企业的成长维度得分发生了较为悲观的变化，值得重点关注。电力企业的成长维度得分在2017年榜单中位列所有能源行业分榜第二位，在2018年榜单降为最后一位，凸显了电力行业发展的新不确定性。由于成长维度子指标得分主要通过企业最近三年来的主要运营业绩来衡量，因此，得分的迅速变化表明，电力企业在2015～2016年的电力发展"大年"之后迎来较为艰难的发展时期。

四　行业指标分析

2014～2016年，电力行业经历了较为明显的震荡性走势。2014～2015年，受到主要能源矿产资源价格下跌的影响，全球电力产业成本负担得以降低，在主要的电力消费大国，电力行业均出现一定程度的盈利能力上升的局面，进一步吸引了资本和公司业务向这些地区集中。但是，这种局面也造成主要的电力消费大国的产能过剩。2016年，国际能源价格开始出现反弹，电力消费的发达市场在产能持续过剩的影响下，盈利空间再次收窄，增长陷入低迷。电力行业的投资发展重点开始再次偏离传统业务和传统市场，转向可再生能源和新兴电力市场。

可再生能源的发展对电力行业的发展形成明显的拉动作用。2016年可再生能源资产的交易额达到284亿美元，占全球电力市场总交易价值的15%。一方面，主要电力消费市场正在成为对可再生能源日趋友好的市场，无论是欧盟对传统能源发电更加严苛的管制，还是中国政府大力解决弃风弃光率较高的问题，均表明电力消费大国对可再生能源的接纳程度在提高，可再生能源在电力行业中的角色正在从实验性转向实用性，这进一步吸引了各国主要的国家电力公司和传统电力公司对其加大投入。与此同时，可再生能源科技的发展，开始重构电力消费者与电力生产者之间的关系：微电网和清洁能源自主发电等技术的发展，使得消费者有机会修正自身需求，转变为"生产型消费者"。这样的趋势进一步提高了电网企业的活动空间和议价能力。

全球主要的电力消费市场——中国、北美和欧洲地区，均难以改变目前产能过剩的基本供需格局。这种格局抑制了资本流入和公司获取利润。基于人口因素，电力消费新的增长点将位于中亚南亚、东南亚、中东和非洲等新兴市场。以电力装备制造和工程建设为主的电力企业，将业务重点进一步放在此类地区。而以传统能源发电和输配电业务为主的公司，也积极向此类地区开拓市场。

就规模维度来看，全球电力行业的总资产呈增长态势，但是总收入持续下滑，已经接近整个能源行业的平均水平，说明电力产能过剩的情况依然在蔓延，并已经开始影响整体行业营收。在财务数据方面，入选电力100强的企业最低营收超过11.4亿美元（哥伦比亚波哥大能源公司），最高营业收入为3220亿美元（中国国家电网有限公司），营业收入差距的悬殊反映了电力行业高度垄断集中的特点。

规模维度子指标值的对比如表3所示：

表3 规模维度子指标值表现

单位：亿美元

	电力100强	总榜500强
总资产	565	329
总收入	215	178

就效率维度而言，电力行业的部分子指标有了明显改观的变化趋势，电力行业正在逐渐改变劳动密集型行业的特征，资产收益率和人均利润指标开始超越能源行业平均水平。尤其需要关注的是，与2017年榜单相比，电力企业的人均营业收入和利润均有了超过10%增长的明显改观。这表明，即使在电力行业垄断性强的特点没有明显变化的情况下，电力行业的人均效率也在逐渐提升，推动电力企业获得较好的资产收益率和人均利润率，而不再依靠上游能源供应商和下游消费者分担其部分成本。如果结合资产收益率审视，则可以发现，与其庞大的资产相比，相当数量的电力企业利润微薄，高于5%的企业依然不超过20家。电力企业"大而不赚，赚而不大"的结构性趋势将会长期持续，资产收益率最高的五家公司中有三家的总资产仅为几十亿美元，其中只有丹麦的沃旭能源公司（第二位）和俄罗斯国际统一电力公司（第五位）总资产超过100亿美元。

效率维度子指标值的对比如表4所示：

表4　效率维度子指标值表现

	电力100强	总榜500强
资产收益率(%)	3.67	3.27
人均营收(万美元)	111	178
人均利润(万美元)	11.6	7.3

就成长维度而言，电力行业并不乐观。但与2017年榜单相比，这种不乐观不再表现为增长值偏低或为负，而是表现为相对于其他能源产业的成长性过低。鉴于行业过去几年景气度不高，电力企业均放慢了投资扩张的步伐，净资产增长率也处于一个保守的区间。从增长率来看，电力行业不再处于负增长阶段，迎来了可观的正增长，但是2017年国际油气价格的飙升，使得电力企业的收入增长处于相对落后地位。尽管如此，电力企业近三年年均收入增长率超

过 5% 的公司从 20 家飙升至 49 家，且呈现出欧美国家和新兴市场
国家公司平分秋色的局面。净资产的增长形势变得更好，平均得分
超过整体能源行业，且近三年年均净资产增长率超过 10% 的企业高
达 44 家，这说明电力企业普遍加大了投入，其融资行动也更好地
得到了资本市场的认可。

成长维度子指标值的对比如表 5 所示：

表 5　成长维度子指标值表现

单位：%

	电力 100 强	总榜 500 强
近三年年均收入增长率	7.46	7.76
近三年年均净资产增长率	10.19	8.59

就安全维度而言，电力行业整体负债率高于整体能源行业且流动
比率较低的局面并未得到改善，说明企业面临一定的风险困境。同
时，电力企业 100 强榜单上的企业的负债水平都并不乐观。对比
2017 年榜单（25 家），负债率低于 60% 的企业数量由 25 家减少至 23
家。电力行业的高负债率正在成为影响其成长与安全的重要因素。虽
然作为基础设施行业，大多数电力公司在获得政府支持的前提下，经
营风险被大幅稀释，但是资金杠杆率高的问题可能会影响电力行业未
来的收益回报。

安全维度子指标值的对比如表 6 所示：

表 6　安全维度子指标值表现

	电力 100 强	总榜 500 强
流动比率	1.03	1.29
资产负债率（%）	69	63

就研发维度而言，根据已公布的研发数据，电力行业研发投入均值略低于整体能源行业均值，研发强度远低于能源行业平均水平。电力企业作为垄断性基础设施行业为主的企业群体，对研发敏感度较低，并且在相关研发费用核算和公开上还处于空白状态。虽然电力企业逐步加强对可再生能源市场的投入，但由于传统电力企业缺乏相关技术的储备与发展，因此在研发投入数据方面并没有完全体现企业的新发展趋势。在电力100强中，有57家企业未披露研发数据或该项数据为0。在已公布数据的企业中，研发强度大于行业均值（0.4%）的企业仅有16家，大于整体能源行业均值（0.98%）的仅有3家。然而，研发投入偏低并不影响传统电力企业开展可再生能源业务。由于电力企业将大量的资金用于并购有技术前景的可再生能源公司或电力技术公司，这种投资在目前的数据统计中尚难以体现。

研发维度子指标值的对比如表7所示：

表7　研发维度子指标值表现

	电力100强	总榜500强
研发费用（万美元）	14543	16973
研发强度（%）	0.40	0.98

五　典型企业分析

1. 中国国家电网有限公司（State Grid Corporation of China，下文简称"国家电网"）

中国国家电网有限公司是当之无愧的世界第一大电力企业。总资产（5235亿美元）排在总榜第二位和电力100强榜第一位；营业收入（3220亿美元）排在总榜第三位和电力100强第一位。同时，它的成长得分也较高，近三年年均净资产增长率高达10.8%，比2017年榜单（8%）增加近3个百分点。国家电网的研发维度得分也很高，研发费用超过10亿美元，在电力100强中排名第一。上述数据反映出国家电网近年来开始由规模增长转向技术升级。同时，国家电网的资产负债率也大为改善，在电力榜前10强中资产负债率排名第三低位。

2. 美国新时代能源公司(NEXTERA ENERGY Inc., 下文简称"新时代能源")

新时代能源是电力榜单中排名第二的可再生能源电力企业，它跻身电力10强的现象值得关注。新时代能源创立于1984年，前身是FPL Group, Inc., 于2010年改为现用名，是佛罗里达光能公司（Florida Power&Light）的子公司，总部位于美国佛罗里达州朱诺海滩，是全美十大电力供应商之一，也是美国最大的风力发电公司。新时代能源经营各类发电事业，包括风力发电、太阳能、水利、核能及天然气销售，公司开发、建设、经营发电厂并提供电力输送服务。在电力100强中，新时代能源表现最突出的是效率维度，排在第五位。

B.6
可再生能源企业全球竞争力分榜

刘 旭 黑斌博 张若白*

摘 要: 本篇数据基于"全球能源企业竞争力数据库2018",根据全球能源企业的规模、效率、成长、安全和研发五个维度对所有数据加权评分并进行分析。对榜单的分析结果显示,在入选全球可再生能源企业100强的企业中,中国企业数量最多,超过了半数,美国次之,两国能源企业上榜数量远超世界其他各国。可再生能源企业100强的总资产规模平均值远远低于油气、电力这些传统行业。同时可再生能源企业有非常可观的近三年年均收入增长率,远远高于传统能源行业。其研发强度也远高于传统能源行业平均值。

关键词: 能源企业 竞争力 可再生能源

一 榜单概览

本榜单从规模、效率、成长、安全和研发五个维度对全球可再生能源企业进行加权评分,其中每个维度的权重分别为25%、35%、20%、10%、10%,并由此将得分最靠前的100家企业作为全球可再

---

* 刘旭,中国人民大学国际能源战略研究中心执行主任;黑斌博、张若白,中国人民大学国际能源战略研究中心研究助理。

生能源企业 100 强。这个评价体系和前面传统能源行业略有不同，主要目的是为了更好地体现可再生能源行业发展的不同特点。

二　国别分析

在可再生能源企业 100 强中，中国企业（不包括香港和台湾地区企业）共计 53 家，在数量上远远超过其他国家，占据可再生能源100 强榜单超过一半名额。美国以入围 10 家企业位居第二，中国台湾地区紧随美国入围 6 家企业。德国和西班牙成为欧洲可再生能源企业上榜最多的两个国家，分别入围了 5 家企业和 4 家企业，加拿大和丹麦入围 3 家企业，印度、巴西、韩国、新西兰和英国各有 2 家企业上榜。其中前 20 强中，中国大陆企业占有 9 席，丹麦、西班牙和德国各占 2 席，美国、芬兰、澳大利亚、加拿大和韩国各有 1 家企业入围，澳大利亚企业首次进入前 20 强。丹麦、西班牙、美国、芬兰、中国和澳大利亚的企业占据了前六位。从中可以看出，一方面，丹麦、德国、西班牙等欧洲国家的老牌可再生能源企业优势明显；另一方面，中国和美国可再生能源企业整体竞争力强大。

可再生能源行业 100 强企业的国家和地区分布如图 1 所示。

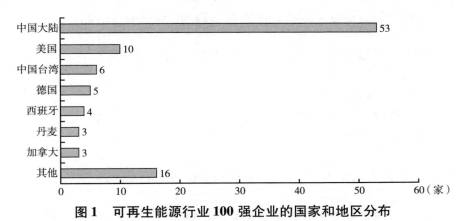

图1　可再生能源行业 100 强企业的国家和地区分布

可再生能源行业前 20 强企业的国家和地区分布如图 2 所示。

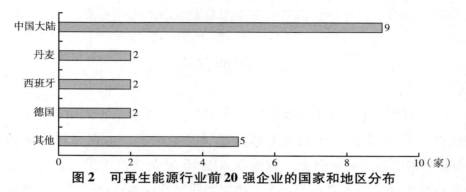

图 2　可再生能源行业前 20 强企业的国家和地区分布

可再生能源行业规模维度前 20 强企业的国家和地区分布如图 3 所示。

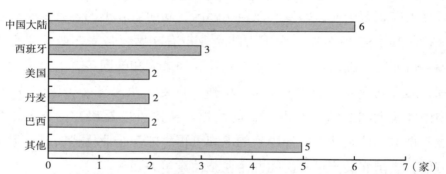

图 3　可再生能源行业规模维度得分前 20 强企业的国家和地区分布

可再生能源行业效率维度前 20 强企业的国家和地区分布如图 4 所示。

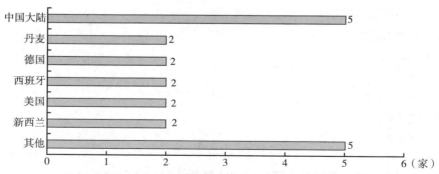

图 4　可再生能源行业效率维度得分前 20 强企业的国家和地区分布

可再生能源行业成长维度前20强企业的国家和地区分布如图5所示。

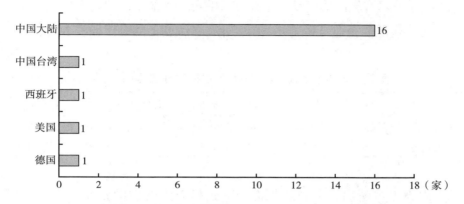

图5　可再生能源行业成长维度得分前20强企业的国家和地区分布

可再生能源行业安全维度前20强企业的国家和地区分布如图6所示。

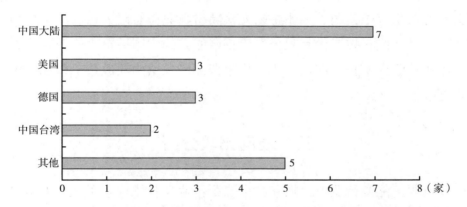

图6　可再生能源行业安全维度得分前20强企业的国家和地区分布

可再生能源企业规模总体偏小，美国的新时代能源、中国的上海电气集团股份有限公司和丹麦的沃旭能源公司延续了2017年榜单的优势，仍旧是可再生能源行业的规模巨头。菲律宾的能源开发公司、加拿大的梅赛尼斯和西班牙的阿本戈公司则在效率维度上名列前茅。在成长维度得分方面，中国企业显示出强大的统治力，前20名中占据16个名额。其中，有 10 家企业近三年年均净资产增长率超过 50%。在安全维度方面，德国的企业具有较高的流动比率和较低的资产负债率，因此得分靠前。

可再生能源企业 100 强中中国企业在各维度上的对比如表 1 所示。

表 1　可再生能源行业 100 强中中国企业各维度得分

	规模	效率	成长	安全	研发	平均总分
可再生能源 100 强	67.08	144.87	90.25	39.71	36.85	368.07
中国企业	52.36	136.18	97.14	38.52	37.50	355.98

由表 1 可看出，可再生能源 100 强榜单中的中国企业在规模、效率、安全维度上都低于行业平均水平，但在成长维度上具有非常明显的优势，得分显著高于行业平均水平。这说明中国企业虽然在若干方面仍落后于可再生能源发达国家，但追赶步伐在逐步加快。东旭蓝天新能源股份有限公司、苏州中来光伏新材料股份有限公司、易事特集团、隆基绿能科技股份有限公司等排名靠前的中国可再生能源企业近三年年均收入增长率和近三年年均净资产增长率两项成长子指标均表现亮眼。

三　横向比较分析

可再生能源行业 100 强和整个能源行业在各维度上的表现如表 2 所示。

表 2　各分榜企业不同维度得分均值比较

	规模	效率	成长	安全	研发	平均总分
总榜 500 强	72.33	149.83	67.49	20.74	10.95	315.24
油气 100 强	129.37	231.62	78.87	24.91	12.93	471.88
电力 100 强	104.63	159.14	69.04	15.52	9.63	352.47

	规模	效率	成长	安全	研发	平均总分
煤炭 30 强	61.84	123.38	79.18	16.19	8.21	299.20
能源装备制造与服务 20 强	89.04	114.01	75.61	21.31	20.92	316.71
可再生能源 100 强	67.08	144.87	90.25	39.71	36.85	368.07

注：可再生能源 100 强分榜评分标准有所差异。

从表 2 可以看出，可再生能源行业 100 强企业的总资产规模均值远远低于油气、电力等传统能源行业。然而，规模小、数量多的可再生能源企业却有非常可观的收入和净资产增长率。可再生能源行业近三年年均收入增长率达到了 14.40%，远远高于传统能源行业（其中电力行业近三年年均收入增长率为 7.46%，石油天然气行业近三年年均收入增长率为 11.87%）。研发强度也远高于传统能源行业平均值，高达 2.12%，而电力行业研发强度仅为 0.40%，石油天然气行业研发强度为 0.73%，这反映出可再生能源行业成长迅速、兼具资金密集和技术密集的特征。在人均利润方面，可再生能源企业 100 强低于能源行业整体水平，尤其相比于油气、电力等传统行业的能源巨头，仍然存在巨大的差距。

可再生能源行业成长迅速的主要原因在于：一方面，化石能源在使用过程中排放出大量的污染物，导致大气污染，随着全球环境恶化与气候变暖加剧，人类迫切需要改变以往过度依赖化石能源的消费结构，因此大力发展可再生能源，以缓解资源、环境的紧张局面。另一方面，光伏发电、风电等可再生能源应用技术不断取得突破，成本下降很快，因此发展可再生能源产业成为世界各国能源产业发展的共同选择，在一些国家，可再生能源已经从可有可无的补充能源上升为能源结构中必不可少的组成部分。可再生能源行业同时还扮演着推动产业结构升级、创新经济发展方式的引擎角色。BP 公司发布的 2018 年世界能源展望报告显示，可再生能源是增速最快的能源品种，占一次能源增长的40%，其在能源结构中的占比将从2016年的4%升至2040年的14%。在展望期间，可再生能源在发电行业占比上升的速度快于同一时期的任何其他能源，同时上调了对2035年可再生发电的预测。在渐进转型情境下，可再生能源占新增发电量的50%以上。预计到2040年可再生能源和核能、水电一起将占中国能源需求增长量的80%，可再生能源将接替石油成为中国第二大能源来源。预计中国是未来20年世界可再生能源最大的增长来源国，增量将超过美国和欧盟之和。

四　行业指标分析

1. 规模维度

就规模维度而言，可再生能源企业因其相对短暂的发展历史和初期投资成本大的特点，行业总资产规模和营业收入均值都与总体能源行业在这两项的均值相差较多。相比2017年榜单，可再生能源企业在资产规模和总收入上都有了较大的进步，但与整体水平相比差距仍然很大。除了几家规模相对较大的企业，大多数上榜的可再生能源公司的总资产都是数十亿美元或更少，较之传统石油天然气企业动辄数百亿美元的规模显得很小甚至微不足道。

规模维度子指标值的对比如表3所示。

表3　规模维度子指标值表现

单位：亿美元

	可再生能源100强	总榜500强
总资产	71	329
总收入	28	178

2. 效率维度

就效率维度而言，可再生能源企业在效率维度上的三项子指标值均较 2017 年榜单有所提升，其中人均利润增长最为显著，接近 2017 年榜单的三倍。但在整个能源行业大步发展的背景下，可再生能源企业与其他能源行业的差距反而拉大。其中，可再生能源企业的资产收益率和人均利润不及整个能源行业的 2/3，人均收入略微超过整个能源行业的 1/3。效率维度子指标值的对比如表 4 所示。

表 4　效率维度子指标值表现

	可再生能源 100 强	总榜 500 强
资产收益率(%)	2.29	3.27
人均收入(万美元)	75	178
人均利润(万美元)	4.2	7.3

3. 成长维度

就成长维度而言，可再生能源行业的得分较高。这主要得益于能源政策向可再生能源行业的倾斜，企业在发展阶段能够享受一定的政策优惠。随着可再生能源相关技术的不断进步，可再生能源企业近三年年均收入增长率和净资产增长率远高于其他能源行业。在 2018 年榜单里，可再生能源企业在成长维度的两项子指标值都有了显著的增长，近三年年均收入增长率接近 2017 年榜单的 3 倍，近三年年均净资产增长率则接近 2017 年榜单的 4 倍。

成长维度子指标值的对比如表 5 所示。

表 5　成长维度子指标值表现

单位：%

	可再生能源 100 强	总榜 500 强
近三年年均收入增长率	14.1	7.76
近三年年均净资产增长率	13.8	8.59

4.安全维度

就安全维度而言,可再生能源企业资产负债率与整体能源行业平均水平持平,但流动比率高于整体能源行业平均水平。这说明可再生能源行业在安全维度上要稍好于整个能源行业。相比2017年榜单,2018年可再生能源企业在这两项子指标上的表现变化不大。

安全维度子指标值的对比如表6所示。

表6　安全维度子指标值表现

	可再生能源100强	总榜500强
流动比率	1.37	1.29
资产负债率(%)	63	63

5.研发维度

就研发维度而言,尽管可再生能源行业研发费用均值低于整体能源行业平均水平,但是研发强度却远高于整体能源行业平均水平,是后者的近5倍。此外,可再生能源榜单排名靠前的大部分公司均注重在研发方面的投入。这充分说明了可再生能源行业重研发、重技术创新的特点。与2017年榜单相比,可再生能源企业在研发费用的平均投入上有明显的增加,但研发强度稍有下降。

研发维度的子指标值对比如表7所示。

表7　研发维度子指标值表现

	可再生能源100强	总榜500强
研发费用(万美元)	4700	16973
研发强度(%)	2.12	0.98

五　典型企业分析

1. 沃旭能源公司（ORSTED A/S，下文简称"沃旭能源"）

北欧清洁能源巨头沃旭能源在可再生能源行业 100 强榜单中表现抢眼，一举夺得可再生能源行业 100 强中的第一名。

沃旭能源在北欧地区着重发展、建设、运营离岸风场，通过电厂生产电力及热能，向批发商、企业以及家庭用户提供和交易能源。从榜单中可以看出，沃旭能源在规模和效率维度上体现了竞争优势。营业收入位居可再生能源排行榜中的第二位；在效率维度中，特别是人均效率，沃旭能源高居首位。值得注意的是沃旭能源在 2018 年的改名。沃旭能源原名 DONG Energy，原为"丹麦石油与天然气"的缩写，这个名字已无法正确说明 DONG 集团是家什么样的公司，而改名"沃旭能源"反映该公司希望将主业从传统能源向绿色能源进行转型。

2. 上海电气集团股份有限公司（SHANGHAI ELECTRIC GROUP CO., LTD.，下文简称"上海电气"）

上海电气位居可再生能源 100 强榜第 5 名，是榜单中排名最靠前的中国企业，同时也是总榜 500 强榜单第 249 名。上海电气在规模和研发维度方面表现出色。营业收入位居可再生能源 100 强榜单第 3 名，研发费用位居第一，而且在如此高的收入水平之下，仍然保持了 3.14% 的研发强度，高于可再生能源行业平均水平，表明了上海电气对研发的高度重视。上海电气是一家大型综合性装备制造集团，主要业务聚焦能源装备、工业装备和集成服务三大领域，产品包括核电机组、风力发电设备和环保设备等，上海电气在可再生能源装备领域做出了一批世界领先的创新产品，包括三代、四代核电核岛和常规岛主设备，大型海上风电设备等。

3. 西门子歌美飒可再生能源公司（SIEMENS GAMESA RENEWABLE ENERGY,SA，下文简称"西门子歌美飒"）

西门子歌美飒在可再生能源 100 强榜单排名第 2 位，在总榜 500 强榜单排名第 203 位。西门子歌美飒有超过 35 年的风能业务经验，是世界上首屈一指的在陆上风能、海上风能和风能服务上都成功布局的风能企业。西门子歌美飒近年来通过并购和业务扩展得以迅速成长，是近三年年均净资产增长率最高的可再生能源公司之一。此外，近三年年均收入增长率也达到 41%，大幅高于不到 20% 的行业平均值。在所有非中国企业中，西门子歌美飒的成长维度得分高居第一。另外，歌美飒公司在研发费用、研发强度和人均营业收入等子指标上的表现也位居行业前列。

4. 杭州福斯特应用材料股份有限公司（HANGZHOU FIRST APPLIED MATERIAL CO., LTD.，以下简称"福斯特"）

福斯特以其良好的综合能力在可再生能源 100 强榜单中位列第 18 位。虽然总资产规模低于行业平均水平，但福斯特以 10.26% 的资产收益率位居全球第 5 位、中国企业第 2 位，在效率上的表现引人注目。另外，福斯特在安全维度的两项子指标即流动比率和资产负债率上都表现优异，拥有上榜企业中最高的流动比率和最低的资产负债率，成为安全维度排名中的第 1 名。

B.7
能源装备制造与服务企业全球竞争力分榜

李尧 冯一帆 冯雨*

摘　要： 本篇数据基于"全球能源企业竞争力数据库2018"，根据全球能源装备制造与服务企业的规模、效率、成长、安全和研发五个维度对所有数据加权评分并进行分析。分析结果显示，装备制造业的通用性使得许多大公司可以形成国家或者区域垄断，西门子、通用电气等企业，凭借着在该维度的长时间积累保持着行业领先地位。中国企业在该行业呈现良好发展势头，在安全和研发方面显示出明显的优势。全球能源装备制造与服务作业也将发挥整体性的技术密集、资金密集、附加值高、成长空间大、带动作用强的特点，在能源领域占据越发重要的地位。

关键词： 能源企业　竞争力　能源装备制造与服务

一　榜单概览

本榜单挑选了各国的大型能源装备制造与服务企业，从企业的规

---

* 李尧，中国人民大学国际能源战略研究中心客座研究员；冯一帆、冯雨，中国人民大学国际能源战略研究中心研究助理。

模、效率、成长、安全和研发五个维度进行加权评分，其中每个维度的权重分别为 35%、40%、15%、6%、4%，并从中选出了得分最靠前的 20 家公司为全球能源装备制造与服务企业 20 强。

二 国别分析

在全球能源装备制造与服务企业 20 强中，有 7 家是中国企业，超过总数的 1/3。德国有 3 家，美国和日本各有 2 家公司上榜，丹麦、瑞士、西班牙、加拿大、韩国和印度尼西亚各有一家公司上榜。其中前 5 强分别来自德国、瑞士、日本、美国和丹麦 5 个国家。可以看出，中国企业在前 20 强中占有众多席位，老牌工业强国大多只有一到两家企业上榜，分布较为分散。

能源装备制造与服务行业 20 强企业的国家分布如图 1 所示。

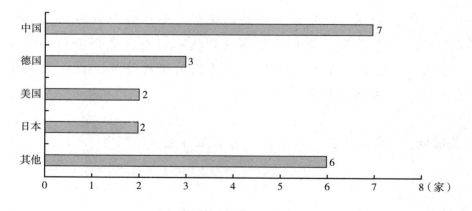

图 1 能源装备制造与服务行业 20 强企业的国家分布

在能源装备制造与服务行业综合得分前 10 强企业中，中国和日本各有 2 个，德国、瑞士、美国、丹麦、西班牙、印度尼西亚各有 1 个（如图 2 所示）。

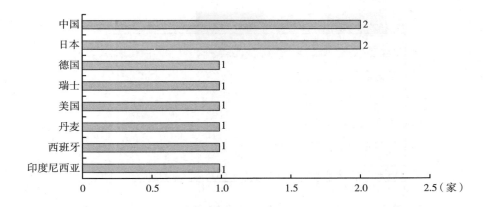

图2　能源装备制造与服务行业前10强企业的国家分布

能源装备制造与服务行业规模维度前10强企业的国家分布如图3所示。

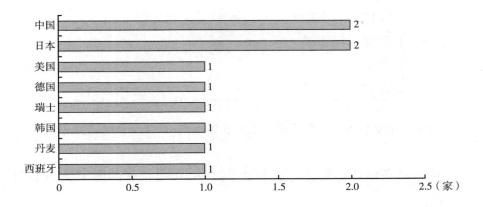

图3　能源装备制造与服务行业规模维度前10强企业的国家分布

能源装备制造与服务行业效率维度前10强企业的国家分布如图4所示。

能源装备制造与服务行业成长维度前10强企业的国家分布如图5所示。

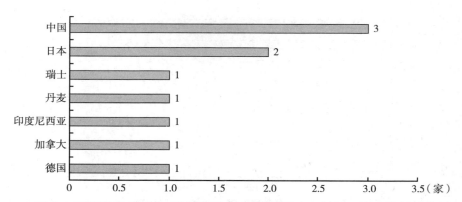

图4　能源装备制造与服务行业效率维度前10强企业的国家分布

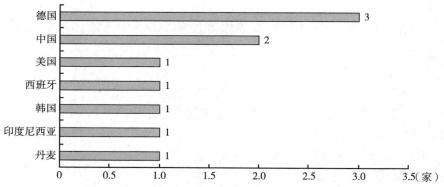

图5　能源装备制造与服务行业成长维度前10强企业的国家分布

　　能源装备制造与服务行业安全维度前10强企业的国家分布如图6所示。

　　由上图可以看出，能源装备制造和服务行业20强企业的国家分布依旧以传统的制造业强国为主：中国企业在能源装备制造与服务行业中处于世界领先地位。在各项维度前10强中，除来自中国和印度尼西亚的企业之外，其余皆来自发达国家。可见，装备制造业作为能源行业中的基础"重工业"，在发展现状上受到历史发展的极大影响。中国企业在各个维度的前10排名中均保持优势。德国企业得益

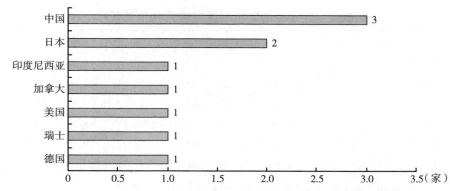

图6   能源装备制造与服务行业安全维度前10强企业的国家分布

于近几年的快速发展，在成长维度中表现出色。

能源装备制造与服务行业前20强中中国企业各维度得分情况如表1所示。

表1   能源装备制造与服务行业20强中中国企业各维度得分

	规模	效率	成长	安全	研发	平均总分
能源装备制造与服务20强	89.04	114.01	75.61	21.31	20.92	316.71
中国企业	38.19	110.93	63.31	23.26	25.57	261.26

从与行业20强的横向对比看，中国的能源装备制造与服务企业在规模、效率、成长三个维度上，与行业的世界级巨头相比存在差距。特别是规模维度，差距十分明显。但是，中国企业在安全和研发维度具有一定优势。这两方面的优势将成为中国企业在该行业领域赶超其他企业并成为行业领导者的基础。

三   横向比较分析

能源装备制造与服务企业20强在各维度上的表现如表2所示。

表2 各分榜企业不同维度得分均值比较

	规模	效率	成长	安全	研发	平均总分
总榜500强	72.33	149.83	67.49	20.74	10.95	315.24
油气100强	129.37	231.62	78.87	24.91	12.93	471.88
电力100强	104.63	159.14	69.04	15.52	9.63	352.47
煤炭30强	61.84	123.38	79.18	16.19	8.21	299.20
能源装备制造与服务20强	89.04	114.01	75.61	21.31	20.92	316.71
可再生能源100强	67.08	144.87	90.25	39.71	36.85	368.07

注：可再生能源100强分榜评分标准有所差异。

　　能源装备制造与服务行业水平影响着整个能源产业链的综合竞争力。高端能源装备制造具有技术密集、资金密集、附加值高、成长空间大、带动作用强等突出特点。在行业对比中可以很明显地看出，能源装备制造与服务行业作为其他行业的基础，在规模上仅次于油气和电力行业，在安全上仅次于可再生能源行业和油气行业，表现出一定的横向比较优势。同时，能源装备制造与服务行业在研发的投入上，仅次于可再生能源行业，遥遥领先于油气、煤炭和电力行业，这也将成为能源装备制造与服务行业在能源产业中占据越发重要地位的基础。

　　能源装备制造与服务行业在效率和成长方面表现出一定的劣势。该行业的许多大公司相继形成国家或者区域垄断，例如西门子公司、通用电气公司等来自发达国家的企业，依然凭借着在该维度的长时间技术积累保持着行业领先地位。

四　行业指标分析

1. 规模维度

　　就规模维度而言，能源装备制造与服务业的总资产和总收入都高于整个能源行业的平均水平，尽管如此，近几年能源资源等大宗商品价格下跌和能源行业投资收缩对能源装备制造与服务业还是造成了较大的影响。

规模维度子指标值的对比如表 3 所示。

表 3　规模维度子指标值表现

单位：亿美元

	能源装备制造与服务 20 强	总榜 500 强
总资产	427	329
总收入	227	178

2. 效率维度

就效率维度而言，能源装备制造与服务业资产收益率低于整体能源行业平均水平，人均营收略超过整体能源行业均值的 1/3，人均利润甚至不及整体能源行业的平均水平的 1/3。

效率维度子指标值的对比如表 4 所示。

表 4　效率维度子指标值表现

	能源装备制造与服务行业 20 强	总榜 500 强
资产收益率(%)	2.15	3.27
人均营收(万美元)	64	178
人均利润(万美元)	2.0	7.3

3. 成长维度

整体能源行业收入和资产在过去几年呈增长态势。相关能源产业的复苏和发展，特别是中国能源装备制造业与服务业的升级发展和产品出口的增长，带动能源装备制造与服务行业的收入和资产维持较好的增加态势。

成长维度子指标值的对比如表 5 所示。

表5　成长维度子指标值表现

单位：%

	能源装备制造与服务行业20强	总榜500强
近三年年均收入增长率	12.05	7.76
近三年年均净资产增长率	19.13	8.59

4. 安全维度

能源装备制造与服务行业的资产负债率与整体能源行业的平均水平持平，流动比率与整体能源行业的平均水平相比更高，可能与制造业产品和存货占用较多资金有关。

安全维度子指标值的对比如表6所示。

表6　安全维度子指标值表现

	能源装备制造与服务行业20强	总榜500强
流动比率	1.38	1.29
资产负债率(%)	63	63

5. 研发维度

能源装备制造与服务行业中的研发维度子指标值显著高于整体能源行业的平均水平。研发费用和研发强度均超过整体能源行业均值的两倍，体现了行业的技术密集型特点。

研发维度的子指标值对比如表7所示。

表7　研发维度子指标值表现

	能源装备制造与服务行业20强	总榜500强
研发费用(万美元)	39200	16973
研发强度(%)	2.32	0.98

五　典型企业分析

1. 西门子股份公司(SIEMENS AG，下文简称"西门子")

西门子是多元化的企业集团，其能源装备制造与服务业务在业界颇具影响力，凭借其在规模、效率、成长、安全、研发等五个维度较为均衡的表现，排在能源装备制造与服务行业 20 强榜第 1 位。西门子业务涵盖电力天然气、能源管理、可再生能源、建筑技术、数字工厂、轨道交通、流程工业、医疗等。公司 2017 年底总资产高达 1580 亿美元，在能源装备制造与服务行业 20 强榜单中排名第 1 位。

2. ABB 集团（ABB，下文简称"ABB"）

瑞士 ABB 由于其在效率与研发等维度优异的表现，在能源装备制造与服务 20 强中排名第 2 位。公司规模维度在 20 强中排名第 4 位，成长维度排名第 14 位，研发维度排名第 2 位。人均效率维度得分位于 20 强中榜首，远远高出第二名的得分。公司的研发投入与人均效率较高，使得公司在整体得分中具有较高的排名。ABB 作为全球电力和自动化技术领域的领导厂商，业务遍及全球 100 多个国家。

3. 东方电气集团（DONGFANG ELECTRIC CORPORATION，下文简称"东方电气"）

东方电气作为我国著名能源装备制造企业，主要从事生产水力发电设备、汽轮发电机、交直流电机、控制设备、普通电机、电器机械、电站设备等。在能源装备制造与服务 20 强中排名第 12 位。公司的规模维度在 20 强中排名第 14 位，效率维度在 20 强中排名第 6 位，成长维度在 20 强中排名第 20 位，研发维度在 20 强中排名第 4 位，通过个别维度的较强表现，东方电气在能源装备制造与服务行业 20 强榜单中的中国企业中名列前茅。

B.8
中国能源企业全球竞争力分榜

李 尧 刘天祥 褚洋君*

摘 要： 该篇数据基于全球能源企业竞争力数据库2018，根据中国大型能源企业的规模、效率、成长、安全和研发五个维度对所有数据加权评分并进行分析。榜单的结论是，大陆国有能源企业在中国能源企业100强中综合排名较高；五个维度得分的排名差异性较大；中国能源企业全球竞争力100强与能源企业全球竞争力排行总榜中数量前五（除中国）的国家相比在规模、成长、研发三方面表现较好，效率和安全维度表现不佳；中国大型能源企业与能源企业世界500强相比总体表现较好。

关键词： 能源企业 竞争力 中国

一 榜单概览

本榜单挑选了符合条件的中国油气、电力、煤炭、能源装备制造与服务和可再生能源等各类大型能源企业（含香港和台湾地区企

---

* 李尧，中国人民大学国际能源战略研究中心客座研究员；刘天祥、褚洋君，中国人民大学国际能源战略研究中心研究助理。

业），从企业的规模、效率、成长、安全和研发五个维度进行加权评分，其中每个维度的权重分别为 35%、40%、15%、6%、4%，并从中选出了得分最靠前的 100 家公司为中国能源企业 100 强。

二　综合分析

在中国能源企业 100 强排名中，电力企业最多，有 35 家；石油天然气企业其次，达 28 家。煤炭企业和可再生能源企业分别是 22 家和 16 家，分居第 3 位和第 4 位。能源装备制造与服务企业 7 家，位居最后（参见图 1）。前 20 名中包括两家台湾地区企业和一家香港企业。中国海洋石油集团有限公司高居中国企业 100 强榜单首位，其总资产和营业收入在中国能源行业中都位居第 4 位。

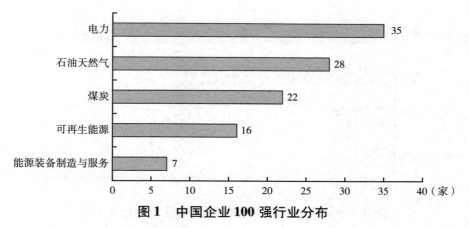

图 1　中国企业 100 强行业分布

注：个别企业归入多个行业。

总得分排名前 10 的企业中，石油天然气企业有 6 个，电力企业有 4 个（参见图 2）。

总分排名前 20 的企业当中，石油天然气企业 11 个，电力企业 7 家，煤炭企业 2 家，可再生能源企业 1 家（参见图 3）。其中除了两家台湾地

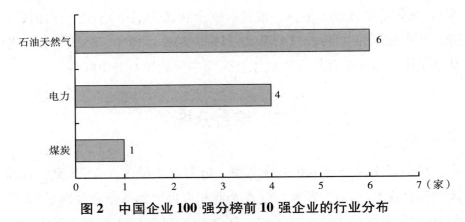

图2 中国企业100强分榜前10强企业的行业分布

注：个别企业归入多个行业。

区企业和一家香港企业为民营企业外，其余企业大多为大陆国有控股企业。排名最靠前的大陆民营企业为东华能源股份有限公司，排名第12位。

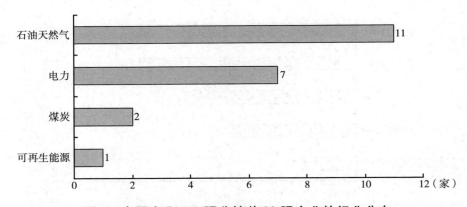

图3 中国企业100强分榜前20强企业的行业分布

注：个别企业归入多个行业。

三 维度排名特点

企业的各个维度得分中也呈现出较大差异性，在规模维度中得分前10名的以电力和化石能源企业为主，而且大多是国企，分别是中国石油天然气集团有限公司、国家电网有限公司、中国石油化工集团有限公司、中国海洋石油集团有限公司、中国南方电网有限责任公司、国家能源投资集团有限责任公司、中国中化集团有限公司、中国电力建设集团有限公司、中国华能集团有限公司和国家电力投资集团有限公司。

从效率维度来看，港台企业和大陆海外能源贸易企业的排名居前列。前10名分别为台塑石化股份公司、中国航油（新加坡）股份有限公司、香港中华煤气有限公司、振华石油控股有限公司、光汇石油（控股）有限公司、中电控股有限公司、东华能源股份有限公司、新海能源集团有限公司、港灯电力投资有限公司和隆基绿能科技股份有限公司。

在成长维度上得分前10名企业中，民营企业表现较为突出，从事可再生能源业务的较多，分别是东旭蓝天新能源股份有限公司、隆基绿能科技股份有限公司、东华能源股份有限公司、荣盛石化股份有限公司、浙江恒逸石化股份有限公司、福建省能源集团有限责任公司、新疆中泰化学股份有限公司、山东能源集团有限公司、中国光大国际有限公司、兖矿集团有限公司。

从安全维度来看，电力和能源装备制造与服务企业表现突出。前10名的企业分别是台塑石化股份公司、东方电气集团、中国西电电气股份有限公司、骆驼集团股份有限公司、中国核工业建设集团有限公司、中国广核集团有限公司、中国能源建设集团有限公司、中国海洋石油集团有限公司、山西美锦能源股份有限公司、申能股份有限公司。

从研发维度来看，根据能够获取的数据，能源装备制造与服务和可再生能源企业研发投入力度较大，排名相对靠前。前10名分别是上海电气集团股份有限公司、中国电力建设集团有限公司、东方电气集团、中国化工集团有限公司、新疆金风科技股份有限公司、天合光能股份有限公司、天能动力国际有限公司、超威动力控股有限公司、永泰能源股份有限公司和协鑫集团有限公司。

四　横向比较分析

中国能源企业 100 强与能源企业全球竞争力排行总榜中企业数量前五（除中国）的国家在各维度上的对比如表 1 所示。

表 1　中国能源企业 100 强不同维度得分均值比较

	规模	效率	成长	安全	研发	平均总分
中　国	83.61	126.99	79.62	16.74	12.24	315.65
美　国	74.30	185.02	61.88	18.39	14.84	342.86
日　本	74.23	138.62	63.25	20.00	8.43	302.54
加拿大	47.60	159.99	80.84	21.55	5.58	311.10
印　度	75.67	163.41	63.39	17.97	7.84	324.14
英　国	76.05	113.44	56.61	22.46	9.68	270.81
俄罗斯	123.42	162.95	100.41	32.55	8.08	424.91

注：总榜 500 强中美国上榜 127 家企业，表中提取前 100 家。

在总榜中，500 强企业上榜数量按国家归类，企业数量较多的国家为美国、中国、日本、加拿大、印度、英国和俄罗斯。表 1 将七国各维度得分及总分进行比较。由该表可以看出，中国在总分方面仅排名第四，在规模、成长、研发三方面具有一定的比较优势，安全维度尚有欠缺，效率维度显著不足。

五　维度指标分析

1. 规模维度

中国经济规模位居世界第二，但能源消费却是世界最多，无论是进口还是国内生产规模都是全球最大。在这样一个能源大国里更容易孕育出规模维度突出的能源企业。同时，国内传统能源行业的行政垄断性较强，由少数企业经营，其他企业难以进入，因此推动造就了中国的巨无霸型企业。

规模维度子指标值的对比如表 2 所示。

表 2　规模维度子指标值表现

单位：亿美元

	中国 100 强	总榜 500 强
总资产	436	329
总收入	246	178

2. 效率维度

中国能源企业 100 强在效率维度上表现一般，中国能源企业在雇员人数方面相对于其他国家企业较多，因此在效率维度方面表现有所欠缺。与总榜企业的平均水平相比，中国 100 强资产收益率较整体能源行业平均水平落后超过 0.5 个百分点，人均营业收入领先，但人均利润落后较为明显。

效率维度子指标值的对比如表 3 所示。

表 3　效率维度子指标值表现

	中国 100 强	总榜 500 强
资产收益率（%）	2.73	3.27
人均营收（万美元）	252	178
人均利润（万美元）	5.2	7.3

3. 成长维度

中国能源企业 100 强近三年年均收入增长率是整体能源行业均值

的近两倍高，净资产增长态势也较好。其中，可再生能源的持续快速增长在一定程度上抵消了部分化石能源行业的弱势。

成长维度子指标值的对比如表4所示。

表4　成长维度子指标值表现

单位：%

	中国100强	总榜500强
近三年年均收入增长率	15.29	7.83
近三年年均净资产增长率	12.97	8.78

4. 安全维度

中国能源企业100强在安全维度上的表现较差。企业资产负债率较整体能源行业均值高出1个百分点，流动比率低于整体能源行业均值，表现出中国企业依赖外部资金程度较高和财务灵活性不足的特点。

安全维度子指标值的对比如表5所示。

表5　成长维度子指标值表现

	中国100强	总榜500强
流动比率	1.04	1.29
资产负债率(%)	64	63

5. 研发维度

在能源行业产业结构调整的大背景下，中国能源企业普遍对于研发较为重视，但在研发费用绝对金额及研发强度方面较整体能源行业平均水平仍有微小差距。中国企业对研发的重视带动了中国在太阳能、风能、核能、水能、电网、等多方面装备制造与服务能力的快速提高。

研发维度子指标值的对比如表6所示。

表 6　研发维度子指标值表现

	中国 100 强	总榜 500 强
研发费用(万美元)	15224	16973
研发强度(%)	0.92	0.98

　　表 7 列举了在能源企业全球竞争力 500 强中排在前 50 名之内的 9 家中国企业分项排名,反映出中国能源龙头企业的相对竞争力情况。

表 7　中国部分企业在总榜 500 强中的综合排名

(前 50 之内) 和分类排名

	综合排名	规模排名	效率排名	成长排名	安全排名	研发排名
中国海油	14	17	241	192	83	56
中国石化	18	3	358	190	201	36
中国石油	21	1	428	272	104	26
台塑石化	22	133	6	198	6	225
国家电网	24	2	375	275	375	34
中国航油	42	185	12	46	206	225
国家能投	45	30	268	155	173	90
南方电网	46	21	373	247	428	39
中国电建	47	36	388	40	370	6

附 录

B.9
附录1
能源企业全球竞争力排行榜500强

排名	企业名称	国家或地区
1	埃克森美孚公司 EXXON MOBIL CORPORATION	美国
2	菲利普66公司 PHILLIPS 66	美国
3	瓦莱罗能源公司 VALERO ENERGY CORPORATION	美国
4	荷兰皇家壳牌公司 ROYAL DUTCH SHELL PLC	荷兰
5	雪佛龙公司 CHEVRON CORPORATION	美国
6	埃尼公司 ENI SPA	意大利

续表

排名	企业名称	国家或地区
7	卢克石油公司 PJSC LUKOIL	俄罗斯
8	JXTG 控股株式会社 JXTG HOLDINGS	日本
9	俄罗斯天然气工业公司 PJSC GAZPROM	俄罗斯
10	道达尔公司 TOTAL SA	法国
11	马来西亚国家石油公司 PETROLIAM NASIONAL BERHAD	马来西亚
12	英国石油公司 BP PLC	英国
13	挪威国家石油公司 EQUINOR ASA	挪威
14	中国海洋石油集团有限公司 CHINA NATIONAL OFFSHORE OIL CORPORATION	中国
15	嘉能可公司 GLENCORE PLC	瑞士
16	SK 集团 SK HOLDINGS	韩国
17	俄罗斯石油公司 PJSC ROSNEFT	俄罗斯
18	中国石油化工集团有限公司 CHINA PETROLEUM & CHEMICAL CORPORATION	中国
19	CENOVUS 能源公司 CENOVUS ENERGY INC	加拿大
20	西门子公司 SIEMENS AG	德国
21	中国石油天然气集团有限公司 CHINA NATIONAL PETROLEUM CORPORATION	中国
22	台塑石化股份公司 FORMOSA PETROCHEMICAL CORPORATION	中国台湾

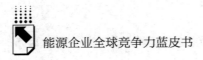

续表

排名	企业名称	国家或地区
23	泰国国家石油公司 PTT PLC	泰国
24	国家电网有限公司 STATE GRID CORPORATION OF CHINA	中国
25	意大利国家电力公司 ENEL	意大利
26	依欧格资源公司 EOG RESOURCES INC.	美国
27	法国电力公司 EDF SA	法国
28	巴西国家石油公司 PETROLEO BRASILEIRO SA	巴西
29	PETRONET 液化天然气公司 PETRONET LNG LTD	印度
30	诺瓦泰克公司 PJSC NOVATEK	俄罗斯
31	恩桥管道公司 ENBRIDGE INC	加拿大
32	S – OIL 公司 S – OIL CORPORATION	韩国
33	印度石油公司 INDIAN OIL CORPORATION LTD	印度
34	信实工业公司 RELIANCE INDUSTRIES LTD.	印度
35	印度石油天然气公司 OIL AND NATURAL GAS CORPORATION	印度
36	EPD 管道合伙公司 ENTERPRISE PRODUCTS PARTNERS LP	美国
37	沃旭能源公司 ORSTED A/S	丹麦

续表

排名	企业名称	国家或地区
38	星炼油公司 STAR PETROLEUM REFINING PLC	泰国
39	ABB 集团 ABB	瑞士
40	马拉松石化公司 MARATHON PETROLEUM CORPORATION	美国
41	沙特阿拉伯电力公司 SAUDI ELECTRICITY COMPANY	沙特阿拉伯
42	中国航油（新加坡）股份有限公司 CHINA AVIATION OIL (SINGAPORE) CORPORATION LTD	中国
43	ENGIE 集团 ENGIE	法国
44	巴什基尔石油公司 PJSC BASHNEFT	俄罗斯
45	国家能源投资集团有限责任公司 CHN ENERGY INVESTMENT GROUP CO. ,LTD	中国
46	中国南方电网有限责任公司 CHINA SOUTHERN POWER GRID COMPANY LTD	中国
47	中国电力建设集团有限公司 POWER CONSTRUCTION CORPORATION OF CHINA	中国
48	新时代能源公司 NEXTERA ENERGY INC	美国
49	株式会社日立制作所 HITACHI LTD	日本
50	伊比德罗拉电力公司 IBERDROLA S. A.	西班牙
51	纳斯特石油公司 NESTE OYJ	芬兰
52	出光兴产株式会社 IDEMITSU KOSAN CO. ,LTD	日本

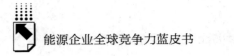

能源企业全球竞争力蓝皮书

续表

排名	企业名称	国家或地区
53	东京电力控股株式会社 TOKYO ELECTRIC POWER COMPANY	日本
54	韩国电力公司 KOREA ELECTRIC POWER CORPORATION	韩国
55	康休资源公司 CONCHO RESOURCES INC	美国
56	EQT 公司 EQT CORPORATION	美国
57	先锋自然资源公司 PIONEER NATURAL RESOURCES COMPANY	美国
58	里维埃拉资源公司 RIVIERA RESOURCES,INC	美国
59	波兰国家石油公司 PKN ORLEN	波兰
60	柯林斯炼油公司 MOTOR OIL HELLASCORINTH REFINERIES SA	希腊
61	印度斯坦石油公司 HINDUSTAN PETROLEUM CORPORATION LTD	印度
62	彭比纳管道公司 PEMBINA PIPELINE CORPORATION	加拿大
63	莱茵集团 RWE AG	德国
64	通用电气公司 GENERAL ELECTRIC	美国
65	爱克斯龙电力公司 EXELON CORPORATION	美国
66	PBF 能源公司 PBF ENERGY	美国
67	特索罗石油公司 ANDEAVOR	美国

续表

排名	企业名称	国家或地区
68	英国国家电网公司 NATIONAL GRID（UK）	英国
69	意昂公司 E. ON SE	德国
70	HOLLYFRONTIER 炼油公司 HOLLYFRONTIER CORPORATION	美国
71	横加管道公司 TRANSCANADA CORPORATION	加拿大
72	中国中化集团有限公司 SINOCHEM GROUP CO. ,LTD	中国
73	安特罗资源公司 ANTERO RESOURCES CORPORATION	美国
74	振华石油控股有限公司 CHINA ZHENHUA OIL CO. ,LTD	中国
75	东华能源股份有限公司 ORIENTAL ENERGY CO. ,LTD	中国
76	麦哲伦管道合伙公司 MAGELLAN MIDSTREAM PARTNERS LP	美国
77	加拿大自然资源公司 CANADIAN NATURAL RESOURCES LTD	加拿大
78	科斯莫能源控股株式会社 COSMO ENERGY HOLDINGS CO. ,LTD	日本
79	雷普索尔公司 REPSOL SA	西班牙
80	香港中华煤气有限公司 THE HONGKONG AND CHINA GAS COMPANY	中国香港
81	欧尼克公司 ONEOK INC	美国
82	西部燃气股权合伙公司 WESTERN GAS EQUITY PARTNERS LP	美国

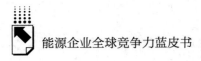

续表

排名	企业名称	国家或地区
83	山东能源集团有限公司 SHANDONG ENERGY GROUP CO. ,LTD	中国
84	中国广核集团有限公司 CHINA GENERAL NUCLEAR POWER CORPORATION	中国
85	大陆资源公司 CONTINENTAL RESOURCES INC	美国
86	尤尼珀公司 UNIPER SE	德国
87	苏尔古特石油天然气股份公司 PJSC SURGUTNEFTEGAS	俄罗斯
88	加德士澳大利亚公司 CALTEX AUSTRALIA LTD	澳大利亚
89	鞑靼石油公司 PJSC TATNEFT	俄罗斯
90	响尾蛇能源有限公司 DIAMONDBACK ENERGY INC	美国
91	中国长江三峡集团有限公司 CHINA THREE GORGES CORPORATION	中国
92	土耳其炼油公司 TURKIYE PETROL RAFINERILERI AS	土耳其
93	阿帕奇公司 APACHE CORPORATION	美国
94	中国化工集团有限公司 CHINA NATIONAL CHEMICAL CORPORATION LTD	中国
95	自由油田服务公司 LIBERTY OILFIELD SERVICES INC	美国
96	威廉姆斯公司 WILLIAMS COMPANIES INC	美国
97	科耶拉公司 KEYERA CORPORATION	加拿大

续表

排名	企业名称	国家或地区
98	巴登 - 符滕堡州能源公司 ENBW ENERGIE BADEN - WURTTEMBERG AG	德国
99	格洛能源公司 GLOW ENERGY PLC	泰国
100	杜克能源公司 DUKE ENERGY CORPORATION	美国
101	中点能源公司 CENTERPOINT ENERGY INC	美国
102	恩卡纳公司 ENCANA CORPORATION	加拿大
103	隆基绿能科技股份有限公司 LONGI GREEN ENERGY TECHNOLOGY CO. ,LTD	中国
104	台湾中油股份有限公司 CPC CORPORATION,TAIWAN	中国台湾
105	萨拉斯集团 SARAS SPA - RAFFINERIE SARDE	意大利
106	俄罗斯石油运输公司 PJSC TRANSNEFT	俄罗斯
107	中国华能集团有限公司 CHINA HUANENG GROUP CO. ,LTD	中国
108	CROPENERGIES 公司 CROPENERGIES AG	德国
109	邦嘉公司 THE BANGCHAK CORPORATION PLC	泰国
110	西班牙电网公司 RED ELÉCTRICA DE ESPANA	西班牙
111	中电控股有限公司 CLP HOLDINGS LITMITED	中国香港
112	帝国石油公司 IMPERIAL OIL LIMITED	加拿大

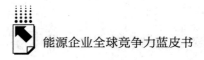

续表

排名	企业名称	国家或地区
113	戴文能源公司 DEVON ENERGY CORPORATION	美国
114	俄罗斯国际统一电力系统公司 PJSC INTER RAO UES	俄罗斯
115	梅赛尼斯公司 METHANEX CORPORATION	加拿大
116	陕西煤业化工集团有限责任公司 SHAANXI COAL AND CHEMICAL INDUSTRY GROUP CO. ,LTD	中国
117	国家电力投资集团有限公司 STATE POWER INVESTMENT CORPORATION LIMITED	中国
118	内蒙古伊泰煤炭股份有限公司 INNER MONGOLIA YITAI COAL CO. ,LTD	中国
119	越南国家油气集团天然气股份公司 JSC PETROVIETNAM GAS	越南
120	盖尔(印度)公司 GAIL (INDIA) LTD	印度
121	能源运输股权合伙公司 ENERGY TRANSFER EQUITY LP	美国
122	道明尼资源公司 DOMINION RESOURCES INC	美国
123	爱索矿业公司 EXXARO RESOURCES LIMITED	南非
124	石油炼化公司 OIL REFINERIES LTD	以色列
125	希腊石油公司 HELLENIC PETROLEUM SA	希腊
126	巴彦资源有限公司 BAYAN RESOURCES TBK. ,PT	印度尼西亚
127	南苏格兰电力公司 SSE PLC	英国

续表

排名	企业名称	国家或地区
128	西班牙天然气公司 GAS NATURAL SDG SA	西班牙
129	贝克休斯公司 BAKER HUGHES, A GE COMPANY	美国
130	中国能源建设集团有限公司 CHINA ENERGY ENGINEERING GROUP CO. ,LTD	中国
131	高浦能源公司 GALP ENERGIA	葡萄牙
132	波哥大能源公司 GRUPO ENERGIA BOGOTA SA ESP	哥伦比亚
133	东燃通用石油株式会社 TONENGENERAL SEKIYU KK	日本
134	巴克艾合伙公司 BUCKEYE PARTNERS LP	美国
135	欧特培控股公司 ULTRAPAR HOLDINGS	巴西
136	葡萄牙电力公司 EDP – ENERGIAS DE PORTUGAL	葡萄牙
137	墨西哥国家石油公司 PETROLEOS MEXICANOS	墨西哥
138	中国华电集团有限公司 CHINA HUADIAN CORPORATION LTD	中国
139	波兰 LOTOS 公司 GRUPA LOTOS SA	波兰
140	Z 能源公司 Z ENERGY LTD	新西兰
141	南方电力公司 SOUTHERN COMPANY	美国
142	浙江恒逸石化股份有限公司 ZHEJIANG HENGYI PETROCHEMICALS CO. ,LTD	中国

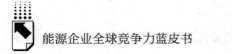
续表

排名	企业名称	国家或地区
143	荣盛石化股份有限公司 RONGSHENG PETRO CHEMICAL CO. ,LTD	中国
144	佛罗里达电力照明公司 FLORIDA POWER & LIGHT COMPANY	美国
145	赫斯基能源公司 HUSKY ENERGY INC	加拿大
146	罗马尼亚国家天然气公司 SNGN ROMGAZ SA	罗马尼亚
147	斯纳姆公司 SNAM SPA	意大利
148	捷克 CEZ 公司 CEZ AS	捷克
149	杰斯特能源集团 JUST ENERGY GROUP INC	加拿大
150	光汇石油(控股)有限公司 BRIGHTOIL PETROLEUM (HOLDINGS) LIMITED	中国香港
151	阿奇煤炭公司 ARCH COAL INC	美国
152	昭和壳牌石油株式会社 SHOWA SHELL SEKIYU KK	日本
153	科尔文电力公司 EMPRESA COLBUN SA	智利
154	兖矿集团有限公司 YANKUANG GROUP	中国
155	鲁比斯公司 RUBIS	法国
156	哈萨克斯坦国家石油公司 JSC NATIONAL COMPANY KAZMUNAYGAS	哈萨克斯坦
157	赤道能源公司 EQUATORIAL ENERGIA SA	巴西

续表

排名	企业名称	国家或地区
158	帕克兰德燃料公司 PARKLAND FUEL CORPORATION	加拿大
159	深圳燃气集团股份有限公司 SHENZHEN GAS CORPORATION LTD	中国
160	哥伦比亚国家石油公司 ECOPETROL SA	哥伦比亚
161	马拉松石油运输合伙公司 MPLX LP	美国
162	费城能源服务公司 PHILADELPHIA ENERGY SOLUTIONS	美国
163	RPC 公司 RPC INC	美国
164	维斯塔斯风力技术集团 VESTAS WIND SYSTEMS A/S	丹麦
165	森特理克公司 CENTRICA PLC	英国
166	切萨皮克能源公司 CHESAPEAKE ENERGY CORPORATION	美国
167	皮那可西方资本公司 PINNACLE WEST CAPITAL CORPORATION	美国
168	关西电力株式会社 THE KANSAI ELECTRIC POWER CO. ,INC	日本
169	天能动力国际有限公司 TIANNENG POWER INTERNATIONAL CO. ,LTD	中国
170	陕西延长石油(集团)有限责任公司 SHAANXI YANCHANG PETROLEUM (GROUP) CO. ,LTD	中国
171	伍德赛德石油公司 WOODSIDE PETROLEUM LTD	澳大利亚
172	DCP 管道合伙公司 DCP MIDSTREAM LP	美国

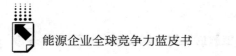

续表

排名	企业名称	国家或地区
173	AY 燃气公司 AYGAZ AS	土耳其
174	科佩克集团 EMPRESAS COPEC SA	智利
175	巴基斯坦国家石油公司 PAKISTAN STATE OIL COMPANY LIMITED	巴基斯坦
176	匈牙利石油天然气公司 MOL MAGYAR OLAJ – ES GAZIPARI RT	匈牙利
177	新海能源集团有限公司 NEWOCEAN ENERGY HOLDINGS LIMITED	中国香港
178	国际石油开发帝石株式会社 INPEX CORPORATION	日本
179	山西美锦能源股份有限公司 SHANXI MEIJIN ENERGY CO. ,LTD	中国
180	伊纳宝管道合伙公司 ENABLE MIDSTREAM PARTNERS LP	美国
181	CVR 炼化公司 CVR REFINING LP	美国
182	俄克拉荷马气电能源公司 OGE ENERGY CORPORATION	美国
183	拉比格石化公司 RABIGH REFINING AND PETROCHEMICAL COMPANY	沙特阿拉伯
184	斯拉夫石油公司 SLAVNEFT	俄罗斯
185	不二制油集团控股株式会社 FUJI OIL HOLDINGS INC	日本
186	德雷克美国控股公司 DELEK US HOLDINGS INC	美国
187	巴基斯坦石油天然气开发公司 OIL & GAS DEVELOPMENT COMPANY LIMITED	巴基斯坦

续表

排名	企业名称	国家或地区
188	OCI 公司 OCI COMPANY LTD	韩国
189	特纳电网公司 TERNA SPA	意大利
190	联合机械公司 PT UNITED TRACTORS TBK	印度尼西亚
191	国家开发投资集团有限公司 STATE DEVELOPMENT & INVESTMENT CORPORATION	中国
192	ARC 资源公司 ARC RESOURCES LTD	加拿大
193	波兰国家石油天然气公司 POLSKIE GORNICTOW NAFTOWE I GAZOWNICTWO SA	波兰
194	AGL 能源公司 AGL ENERGY LTD	澳大利亚
195	中国核工业集团有限公司 CHINA NATIONAL NUCLEAR CORPORATION	中国
196	中国光大国际有限公司 CHINA EVERBRIGHT INTERNATIONAL LTD	中国
197	底特律爱迪生能源公司 DTE ENERGY	美国
198	太平洋气电集团 PG&E CORPORATION	美国
199	印地卡能源公司 PT INDIKA ENERGY TBK	印度尼西亚
200	山东京博控股股份有限公司 SHANDONG CHAMBROAD HOLDING CO. ,LTD	中国
201	安达隆能源公司 PT ADARO ENERGY TBK	印度尼西亚
202	西方石油公司 OCCIDENTAL PETROLEUM CORPORATION	美国

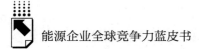

续表

排名	企业名称	国家或地区
203	西门子歌美飒可再生能源公司 SIEMENS GAMESA RENEWABLE ENERGY SA	西班牙
204	美国电力公司 AMERICAN ELECTRIC POWER	美国
205	威斯康辛能源集团 WEC ENERGY GROUP INC	美国
206	富通集团 FORTIS INC	加拿大
207	塞尔维亚石油公司 NAFTNA INDUSTRIJA SRBIJE AD	塞尔维亚
208	斯洛伐克石油公司 SLOVNAFT AS	斯洛伐克
209	中部电力株式会社 CHUBU ELECTRIC POWER CO. ,LTD	日本
210	俄罗斯电网公司 PJSC ROSSETI	俄罗斯
211	新疆中泰化学股份有限公司 XINJIANG ZHONGTAI CHEMICAL CO. ,LTD	中国
212	印度国家火电公司 NATIONAL THERMAL POWER CORPORATION LIMITED	印度
213	阿沃伊蒂斯电力公司 ABOITIZ POWER CORPORATION	菲律宾
214	PAR 太平洋控股公司 PAR PACIFIC HOLDINGS ,INC	美国
215	卡拉奇电力公司 K – ELECTRIC LTD	巴基斯坦
216	住友电气工业株式会社 SUMITOMO ELECTRIC INDUSTRIES LTD	日本
217	富腾公司 FORTUM OYJ	芬兰

续表

排名	企业名称	国家或地区
218	协鑫集团有限公司 GOLDEN CONCORD GROUP LTD	中国
219	巴西 CPFL 能源公司 CPFL ENERGIA SA	巴西
220	九州电力株式会社 KYUSHU ELECTRIC POWER CO. ,INC	日本
221	东旭蓝天新能源股份有限公司 TUNGHSU AZURE RENEWABLE ENERGY CO. ,LTD	中国
222	斯伦贝谢公司 SCHLUMBERGER LIMITED	美国
223	康菲石油公司 CONOCOPHILLIPS COMPANY	美国
224	爱迪生联合电气公司 CONSOLIDATED EDISON COMPANY OF NEW YORK,INC	美国
225	菲律宾石油公司 PETRON CORPORATION	菲律宾
226	奥地利石油公司 OMV AKTIENGESELLSCHAFT	奥地利
227	联盟资源合伙公司 ALLIANCE RESOURCE PARTNERS LP	美国
228	OMV 石油公司 OMV PETROM SA	罗马尼亚
229	印度国家电网公司 POWER GRID CORPORATION OF INDIA	印度
230	康图拉能源公司 CONTURA ENERGY INC	美国
231	福建省能源集团有限责任公司 FUJIAN ENERGY GROUP CO. ,LTD	中国
232	电源开发株式会社 ELECTRIC POWER DEVELOPMENT COMPANY	日本

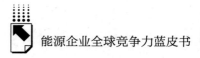

续表

排名	企业名称	国家或地区
233	巴布亚新几内亚石油勘探公司 OIL SEARCH LIMITED	巴布亚新几内亚
234	波特兰通用电力公司 PORTLAND GENERAL ELECTRIC COMPANY	美国
235	布鲁克菲尔德基础设施合伙公司 BROOKFIELD INFRASTRUCTURE PARTNERS LP	加拿大
236	东京燃气株式会社 TOKYO GAS CO. ,LTD	日本
237	EWE 公司 EWE AG	德国
238	申能股份有限公司 SHENERGY COMPANY LTD	中国
239	埃克西尔能源公司 XCEL ENERGY INC	美国
240	ERM 电力公司 ERM POWER LTD	澳大利亚
241	台湾电力公司 TAIWAN POWER COMPANY	中国台湾
242	印度石油公司 OIL INDIA LIMITED	印度
243	湖北能源集团股份有限公司 HUBEI ENERGY GROUP CO. ,LTD	中国
244	LEW 公司 LECHWERKE AG	德国
245	威立雅环境集团 VEOLIA ENVIRONNEMENT	法国
246	公共服务企业集团 PUBLIC SERVICE ENTERPRISE GROUP INC	美国
247	石油工业公司 INA – INDUSTRIJA NAFTE DD	克罗地亚

续表

排名	企业名称	国家或地区
248	港灯电力投资有限公司 HK ELECTRIC INVESTMENTS LIMITED	中国香港
249	上海电气集团股份有限公司 SHANGHAI ELECTRIC GROUP CO. ,LTD	中国
250	EMERA 公司 EMERA INC	加拿大
251	三爱石油株式会社 SAN – AI OIL CO. ,LTD	日本
252	浙江省能源集团有限公司 ZHEJIANG PROVINCIAL ENERGY GROUP CO. ,LTD	中国
253	皮博迪能源公司 PEABODY ENERGY CORPORATION	美国
254	雷兽能源公司 RAIZEN ENERGIA SA	巴西
255	苏伊士公司 SUEZ SA	法国
256	奥安多公司 OANDO PLC	尼日利亚
257	水星新西兰有限公司 MERCURY NZ LIMITED	新西兰
258	CNX 资源公司 CNX RESOURCES CORPORATION	美国
259	EVERSOURCE 能源公司 EVERSOURCE ENERGY	美国
260	美国燃气合伙公司 AMERIGAS PARTNERS LP	美国
261	河北建设投资集团有限责任公司 HEBEI CONSTRUCTION & INVESTMENT GROUP CO. ,LTD	中国
262	奥地利国家电力联盟公司 VERBUND AG	奥地利

续表

排名	企业名称	国家或地区
263	北方华锦化工有限公司 NORTH HUAJIN CHEMICAL INDUSTRIES. CO. ,LTD	中国
264	大同煤矿集团有限责任公司 DATONG COAL MINE GROUP CO. ,LTD	中国
265	海底 7 公司 SUBSEA 7 SA	英国
266	NGL 能源合伙公司 NGL ENERGY PARTNERS LP	美国
267	东北电力株式会社 TOHOKU ELECTRIC POWER	日本
268	帕斯石油公司 PAZ OIL COOMPANY LTD	以色列
269	骆驼集团股份有限公司 CAMEL GROUP CO. ,LTD	中国
270	德雷克集团 DELEK GROUP LTD	以色列
271	田纳西河域管理局 TENNESSEE VALLEY AUTHORITY	美国
272	新疆金风科技股份有限公司 XINJIANG GOLDWIND SCIENCE TECHNOLOGY CO. ,LTD	中国
273	冀中能源集团有限责任公司 JI ZHONG ENERGY GROUP CO. ,LTD	中国
274	子午线能源公司 MERIDIAN ENERGY LTD	新西兰
275	HAFSLUND 公司 HAFSLUND ASA	挪威
276	浙江海越股份有限公司 ZHEJIANG HAIYUE CO. ,LTD	中国
277	北京控股集团有限公司 BEIJING ENTERPRISES GROUP CO. ,LTD	中国

续表

排名	企业名称	国家或地区
278	创世纪能源公司 GENESIS ENERGY LTD	新西兰
279	大瀑布电力公司 VATTENFALL AB	瑞典
280	新奥能源控股有限公司 ENN ENERGY HOLDINGS LTD	中国
281	深圳市德赛电池科技股份有限公司 SHENZHEN DESAY BATTERY TECHNOLOGY CO. ,LTD	中国
282	马尼拉电力公司 MANILA ELECTRIC COMPANY	菲律宾
283	马拉科夫公司 MALAKOFF CORPORATION BERHAD	马来西亚
284	全球燃料服务公司 WORLD FUEL SERVICES CORPORATION	美国
285	塞米克电力公司 CEMIG	巴西
286	金德尔 - 摩根管道公司 KINDER MORGAN INC	美国
287	爱依斯公司 THE AES CORPORATION	智利
288	大阪燃气株式会社 OSAKA GAS CO. ,LTD	日本
289	爱迪生国际公司 EDISON INTERNATIONAL	美国
290	宾州电力公司 PPL CORPORATION	美国
291	苏伊北方天然气管道公司 SUI NORTHERN GAS PIPELINES LIMITED	巴基斯坦
292	天合光能股份有限公司 TRINA SOLAR LIMITED	中国

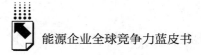

续表

排名	企业名称	国家或地区
293	亿利资源集团有限公司 ELION RESOURCES GROUP LIMITED	中国
294	布鲁克菲尔德可再生能源集团 BROOKFIELD RENEWABLE PARTNERS LP	加拿大
295	维斯塔尔能源公司 WESTAR ENERGY INC	美国
296	赫拉公司 HERA SPA	意大利
297	瑞恩实业公司 RAIN INDUSTRIES LTD	印度
298	安迅能集团 ACCIONA SA	西班牙
299	中国中煤能源集团有限公司 CHINA COAL ENERGY CO. ,LTD	中国
300	山西潞安矿业(集团)有限责任公司 SHANXI LUAN MINING INDUSTRY (GROUP) COMPANY LTD	中国
301	北方电力公司 NORTHLAND POWER INC	加拿大
302	塔尔加资源公司 TARGA RESOURCES CORPORATION	美国
303	山西焦煤集团有限责任公司 SHANXI COKING COAL GROUP CO. ,LTD	中国
304	特变电工集团有限公司 TEBIAN ELECTRIC APPARATUS CO. ,LTD	中国
305	得兴钢管公司 TENARIS SA	意大利
306	万浦集团 BANPU PCL	泰国
307	永泰能源股份有限公司 WINTIME ENERGY CO. ,LTD	中国

排名	企业名称	国家或地区
308	中国大唐集团有限公司 CHINA DATANG CORPORATION LTD	中国
309	英国电信 PLUS 公司 TELECOM PLUS PLC	英国
310	绿色平原公司 GREEN PLAINS INC	美国
311	中国节能环保集团有限公司 CHINA ENERGY CONSERVATION AND ENVIRONMENTAL PROTECTION GROUP	中国
312	越南国家石油集团 VIETNAM NATIONAL PETROLEUM GROUP	越南
313	波兰电力集团 PGE POLSKA GRUPA ENERGETYCZNA SA	波兰
314	新泽西资源公司 NEW JERSEY RESOURCES CORPORATION	美国
315	埃内亚能源公司 ENEA SA	波兰
316	日本瓦斯株式会社 NIPPON GAS CO. ,LTD	日本
317	超威动力控股有限公司 CHAOWEI POWER HOLDINGS LTD	中国
318	三井海洋开发株式会社 MODEC INC	日本
319	麦克德莫特国际公司 MCDERMOTT INTERNATIONAL INC	巴拿马
320	萨拉公司 SALA CORPORATION	日本

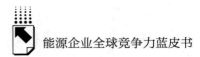

续表

排名	企业名称	国家或地区
321	华润燃气（集团）有限公司 CHINA RESOURCES GAS GROUP LIMITED	中国香港
322	静冈燃气株式会社 SHIZUOKA GAS CO. ,LTD	日本
323	C&J 能源服务公司 C&J ENERGY SERVICES,INC	美国
324	联合能源公司 ALLIANT ENERGY CORPORATION	美国
325	山东垦利石化集团有限公司 SHANDONG KENLI PETROCHEMICAL GROUP CO. ,LTD	中国
326	东方电气集团 DONGFANG ELECTRIC CORPORATION	中国
327	斗山重工业集团 DOOSAN HEAVY INDUSTRIES & CONSTRUCTION CORPORATION	韩国
328	恩尼吉萨公司 ENERGISA SA	巴西
329	印度尼西亚国家天然气公司 PT PERUSAHAAN GAS NEGARA PERSERO TBK	印度尼西亚
330	恩德能源有限公司 NORDEX SE	德国
331	平顶山天安煤业股份有限公司 PINGDINGSHAN TIANAN COAL MINING CO. ,LTD	中国
332	宁夏宝塔石化集团有限公司 BAOTA PETROCHEMICAL GROUP CO. ,LTD	中国
333	印度煤炭公司 COAL INDIA LIMITED	印度
334	山西晋城无烟煤矿业集团有限责任公司 JINCHENG ANTHRACITE MINING GROUP CO. ,LTD	中国
335	中国西电电气股份有限公司 CHINA XD ELECTRIC CO. ,LTD	中国

续表

排名	企业名称	国家或地区
336	皇家孚宝公司 ROYAL VOPAK NV	荷兰
337	巴拉那州电力公司 COMPANHIA PARANAENSE DE ENERGIA	巴西
338	阿纳达科石油公司 ANADARKO PETROLEUM CORPORATION	美国
339	科桑公司 COSAN LTD	巴西
340	晋能集团有限公司 JINNENG GROUP CO. ,LTD	中国
341	平原管道控股公司 PLAINS GP HOLDINGS LP	美国
342	恩尼加公司 ENERGA SA	波兰
343	爱琴海石油海运公司 AEGEAN MARINE PETROLEUM NETWORK INC	希腊
344	EVN 公司 EVN AG	奥地利
345	国家天然气燃料公司 NATIONAL FUEL GAS COMPANY	美国
346	桑普拉能源公司 SEMPRA ENERGY	美国
347	肖可公司 SHAWCOR LTD	加拿大
348	山东玉皇化工(集团)有限公司 SHANGDONG YUHUANG CHEMICAL CO. ,LTD	中国
349	日挥株式会社 JGC CORPORATION	日本
350	环球伙伴合伙公司 GLOBAL PARTNERS LP	美国

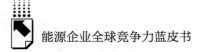

续表

排名	企业名称	国家或地区
351	ENERFLEX 公司 ENERFLEX LTD	加拿大
352	东邦燃气株式会社 TOHO GAS CO. ,LTD	日本
353	A2A 公司 A2A SPA	意大利
354	布拉克山公司 BLACK HILLS CORPORATION	美国
355	巴西中央电气公司 CENTRAIS ELETRICAS BRASILEIR SA	巴西
356	洛佩兹控股公司 LOPEZ HOLDINGS CORPORATION	菲律宾
357	韩国天然气公司 KOREA GAS CORPORATION	韩国
358	淮北矿业(集团)有限责任公司 HUAIBEI MINING (GROUP) CO. ,LTD	中国
359	阳泉煤业(集团)有限责任公司 YANGQUAN COAL INDUSTRY (GROUP) CO. ,LTD	中国
360	阿特莫斯能源公司 ATMOS ENERGY CORPORATION	美国
361	西南天然气控股公司 SOUTHWEST GAS HOLDINGS INC	美国
362	三千里公司 SAMCHULLY CO. ,LTD	韩国
363	波兰金牛能源公司 TAURON POLSKA ENERGIA	波兰
364	河南能源化工集团有限公司 HENAN ENERGY AND CHEMICAL INDUSTRY GROUP CO. , LTD	中国
365	CMS 能源公司 CMS ENERGY CORP	美国

续表

排名	企业名称	国家或地区
366	广东省粤电集团有限公司 YUDEAN GROUP CO. ,LTD	中国
367	安大略省第一水电公司 HYDRO ONE LTD	加拿大
368	沙特阿拉伯国家航运公司 BAHRI	沙特阿拉伯
369	澳大利亚管道信托集团 APA GROUP	澳大利亚
370	伯尔尼电力公司 BKW ENERGIE AG	瑞士
371	海洋工程国际公司 OCEANEERING INTERNATIONAL INC	美国
372	蒙大拿－达科他公共事业资源集团 MDU RESOURCES GROUP,INC	美国
373	中国电力株式会社 CHUGOKU ELECTRIC POWER CO. ,INC	日本
374	纽星能源合伙公司 NUSTAR ENERGY LP	美国
375	株式会社三鳞集团控股 MITSUUROKO GROUP HOLDINGS CO. ,LTD	日本
376	联合天然气利用公司 UGI CORPORATION	美国
377	麦诺瓦公司 MAINOVA AG	德国
378	阿莫林公司 AMEREN CORPORATION	美国
379	北京能源集团有限责任公司 BEIJING ENERGY HOLDING CO. ,LTD	中国
380	首尔城市燃气有限公司 SEOUL CITY GAS CO. ,LTD	韩国

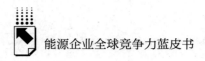

能源企业全球竞争力蓝皮书

续表

排名	企业名称	国家或地区
381	安徽省能源集团有限公司 ANHUI PROVINCE ENERGY GROUP CO. ,LTD	中国
382	四国电力株式会社 SHIKOKU ELECTRIC POWER CO. ,INC	日本
383	印度国家水电公司 NATIONAL HYDRO POWER CORPORATION LIMITED	印度
384	安特吉公司 ENTERGY CORPORATION	美国
385	联通能源公司 CONTACT ENERGY LTD	新西兰
386	阿特科公司 ATCO LTD	加拿大
387	帕特森 UTI 能源公司 PATTERSON UTI ENERGY INC	美国
388	基内集团 KEANE GROUP INC	美国
389	塔塔电力公司 TATA POWER LIMITED	印度
390	伍德集团 JOHN WOOD GROUP PLC	英国
391	巴基斯坦国民炼油公司 NATIONAL REFINERY LIMITED	巴基斯坦
392	ACEA 集团 ACEA SPA	意大利
393	华润电力控股有限公司 CHINA RESOURCES POWER HOLDINGS CO. ,LTD	中国香港
394	维克特伦公司 VECTREN CORPORATION	美国
395	联合技术公司 TÉCNICAS REUNIDAS	西班牙

续表

排名	企业名称	国家或地区
396	广州发展集团股份有限公司 GUANGZHOU DEVELOPMENT GROUP CO. ,LTD	中国
397	吉普森能源公司 GIBSON ENERGY INC	加拿大
398	安托克炼油公司 ATTOCK REFINERY LIMITED	巴基斯坦
399	湘潭电机股份有限公司 XIANGTAN ELECTRIC MANUFACTURING CO. ,LTD	中国
400	卡尔皮内公司 CALPINE CORPORATION	美国
401	ENERGIEDIENST 控股公司 ENERGIEDIENST HOLDING AG	瑞士
402	马来西亚国家电力公司 TENAGA NASIONAL BERHAD	马来西亚
403	阿尔塔燃气公司 ALTAGAS LTD	加拿大
404	激流电力公司 TORRENT POWER LIMITED	印度
405	戴纳基公司 DYNEGY INC	美国
406	阿布扎比国家能源公司 PJSC ABU DHABI NATIONAL ENERGY COMPANY	阿联酋
407	希腊公共电力公司 THE PUBLIC POWER CORPORATION SA	希腊
408	斯普拉格能源合伙公司 SPRAGUE RESOURCES LP	美国
409	广汇能源有限公司 GUANGHUI ENERGY CO. ,LTD	中国
410	伊藤忠 ENEX 株式会社 ITOCHU ENEX CO. ,LTD	日本

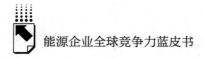

续表

排名	企业名称	国家或地区
411	森科能源公司 SUNCOR ENERGY INC	加拿大
412	ONE 天然气公司 ONE GAS INC	美国
413	哈里伯顿公司 HALLIBURTON COMPANY	美国
414	中国核工业建设集团有限公司 CHINA NUCLEAR E&C GROUP CO. ,LTD	中国
415	伯克希尔－哈撒韦能源公司 BERKSHIRE HATHAWAY ENERGY	美国
416	北海道电力株式会社 HOKKAIDO ELECTRIC POWER CO. ,INC	日本
417	哈尔滨电气股份有限公司 HARBIN ELECTRIC CO. ,LTD	中国
418	大西洋耶尔德公司 ATLANTICA YIELD PLC	英国
419	罗文公司 ROWAN COMPANIES PLC	英国
420	斯皮瑞公司 SPIRE INC	美国
421	罗马尼亚电网公司 SOCIATATEA ENERGETICA ELECTRICA SA	罗马尼亚
422	阿维斯塔公司 AVISTA CORPORATION	美国
423	冲绳电力株式会社 OKINAWA ELECTRIC POWER CO. ,INC	日本
424	深圳能源集团股份有限公司 SHENZHEN ENERGY GROUP CO. ,LTD	中国
425	广西桂东电力股份有限公司 GUANGXI GUI DONG ELECTRIC POWER CO. ,LTD	中国

排名	企业名称	国家或地区
426	创世纪能源合伙公司 GENESIS ENERGY LP	美国
427	羚羊石油公司 AL MAHA PETROLEUM PRODUCTS MARKETING COMPANY SAOG	阿曼
428	帕德玛石油有限公司 PADMA OIL COMPANY LTD	孟加拉国
429	西部燃气株式会社 SAIBU GAS CO. ,LTD	日本
430	尼索思公司 NISOURCE INC	美国
431	北陆电力株式会社 HOKURIKU ELECTRIC POWER COMPANY	日本
432	可再生能源集团 RENEWABLE ENERGY GROUP	美国
433	第一太阳能公司 FIRST SOLAR INC	美国
434	青海省投资集团有限公司 QINGHAI PROVINCIAL INVESTMENT GROUP CO. ,LTD	中国
435	钢管冶金公司 TMK	俄罗斯
436	俄罗斯 T PLUS 公司 PJSC T PLUS	俄罗斯
437	CALFRAC 油井服务公司 CALFRAC WELL SERVICES LTD	加拿大
438	千代田化工建设株式会社 CHIYODA CORPORATION	日本
439	皖北煤电集团有限公司 WANBEI COAL ELECTRICITY	中国
440	约旦炼油公司 JORDAN PETROLEUM REFINERY COMPANY	约旦

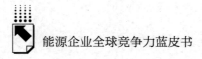

续表

排名	企业名称	国家或地区
441	诺贝尔能源公司 NOBLE ENERGY INC	美国
442	顺风国际清洁能源公司 SHUNFENG INTERNATIONAL CLEAN ENERGY LIMITED	中国
443	阿尔皮克控股公司 ALPIQ HOLDING AG	瑞士
444	晶科能源控股有限公司 JINKOSOLAR HOLDING CO. ,LTD	中国
445	森维安公司 SENVION SA	德国
446	晶澳太阳能有限公司 JA SOLAR CO. ,LTD	中国
447	国民油井华高公司 NATIONAL OILWELL VARCO	美国
448	戴蒙德海底钻探公司 DIAMOND OFFSHORE DRILLING INC	美国
449	丹博里资源公司 DENBURY RESOURCES INC	美国
450	杨忠礼集团 YTL CORPORATION BERHAD	马来西亚
451	新月点能源公司 CRESCENT POINT ENERGY CORPORATION	加拿大
452	萨伊佩姆公司 SAIPEM SPA	意大利
453	大平原能源公司 GREAT PLAINS ENERGY INC	美国
454	山西省国新能源发展集团有限公司 SHANXI PROVINCIAL GUOXIN ENERGY DEVELOPMENT GROUP CO. ,LTD	中国
455	欧拉诺集团(原阿海珐集团) ORANO	法国

续表

排名	企业名称	国家或地区
456	康索尔能源公司 CONSOL ENERGY INC	美国
457	JSW 能源公司 JSW ENERGY LTD	印度
458	桑托斯公司 SANTOS LTD	澳大利亚
459	科特迪瓦电力公司 COMPAGNIE IVOIRIENNE D'ELECTRICITE SA	科特迪瓦
460	约旦电力公司 JORDANIAN ELECTRIC POWER COMPANY	约旦
461	斯卡纳公司 SCANA CORPORATION	美国
462	重庆市能源投资集团有限公司 CHONGQING ENERGY INVESTMENT GROUP CO. ,LTD	中国
463	徐州矿务集团有限公司 XUZHOU COAL MINING GROUP CO. ,LTD	中国
464	阿克集团能源服务公司 AKER SOLUTIONS ASA	挪威
465	山西煤炭进出口集团有限公司 SHANXI COAL IMPORT & EXPORT GROUP CO. ,LTD	中国
466	石油资源开发株式会社 JAPAN PETROLEUM EXPLORATION CO. ,LTD	日本
467	赫斯公司 HESS CORPORATION	美国
468	起源能源公司 ORIGIN ENERGY LTD	澳大利亚
469	韩华新能源有限公司 HANWHA Q CELLS CO. ,LTD	韩国
470	塞米尔炼油公司 SAMIR	摩洛哥

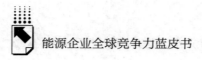

续表

排名	企业名称	国家或地区
471	德拉克斯集团 DRAX GROUP PLC	英国
472	SM 能源公司 SM ENERGY COMPANY	美国
473	图洛石油公司 TULLOW OIL PLC	英国
474	阿特斯阳光电力集团有限公司 CANADIAN SOLAR INC	中国
475	瓦卢瑞克公司 VALLOUREC SA	法国
476	沃利帕森斯公司 WORLEYPARSONS LTD	澳大利亚
477	大同股份有限公司 TATUNG COMPANY	中国台湾
478	派特法公司 PETROFAC LTD	英国
479	恩斯克公司 ENSCO PLC	美国
480	卓越公司 SUPERIOR PLUS CORPORATION	加拿大
481	艾斯德伦公司 EXTERRAN CORPORATION	美国
482	赫尔默里奇和佩恩公司 HELMERICH & PAYNE INC	美国
483	卡梅科公司 CAMECO CORPORATION	加拿大
484	丹麦太阳能公司 SOLAR A/S	丹麦
485	TRANSALTA 公司 TRANSALTA CORPORATION	加拿大

排名	企业名称	国家或地区
486	马拉松石油公司 MARATHON OIL CORPORATION	美国
487	克雷斯特伍德股权合伙公司 CRESTWOOD EQUITY PARTNERS LP	美国
488	SBM 浮式生产技术公司 SBM OFFSHORE NV	荷兰
489	NRG 能源公司 NRG ENERGY INC	美国
490	美国第一能源公司 FIRSTENERGY CORPORATION	美国
491	郑州煤炭工业(集团)有限公司 ZHENZHOU COAL INDUSTRY (GROUP) CO. ,LTD	中国
492	苏司兰能源公司 SUZLON ENERGY LTD	印度
493	墨菲石油公司 MURPHY OIL CORPORATION	美国
494	矩阵油气服务公司 MATRIX SERVICE COMPANY	美国
495	越洋钻探公司 TRANSOCEAN LTD	瑞士
496	卡路美专用油合伙公司 CALUMET SPECIALTY PRODUCTS PARTNERS LP	美国
497	法瑞加合伙公司 FERRELLGAS PARTNERS LP	美国
498	阿达尼电力有限公司 ADANI POWER LTD	印度
499	PREMIER 石油公司 PREMIER OIL PLC	英国
500	超级能源服务公司 SUPERIOR ENERGY SERVICES INC	美国

B.10
附录2
煤炭企业全球竞争力排行榜30强

排名	企业名称	国家和地区
1	国家能源投资集团有限责任公司 CHN ENERGY INVESTMENT GROUP CO. ,LTD	中国
2	山东能源集团有限公司 SHANDONG ENERGY GROUP CO. ,LTD	中国
3	陕西煤业化工集团有限责任公司 SHAANXI COAL AND CHEMICAL INDUSTRY GROUP CO. ,LTD	中国
4	内蒙古伊泰煤炭股份有限公司 INNER MONGOLIA YITAI COAL CO. ,LTD	中国
5	爱索矿业公司 EXXARO RESOURCES LIMITED	南非
6	巴彦资源有限公司 BAYAN RESOURCES TBK. ,PT	印度尼西亚
7	阿奇煤炭公司 ARCH COAL INC	美国
8	兖矿集团有限公司 YANKUANG GROUP	中国
9	国家开发投资集团有限公司 STATE DEVELOPMENT & INVESTMENT CORPORATION	中国
10	安达隆能源公司 PT ADARO ENERGY TBK	印度尼西亚

续表

排名	企业名称	国家和地区
11	联盟资源合伙公司 ALLIANCE RESOURCE PARTNERS LP	美国
12	康图拉能源公司 CONTURA ENERGY INC	美国
13	皮博迪能源公司 PEABODY ENERGY CORPORATION	美国
14	大同煤矿集团有限责任公司 DATONG COAL MINE GROUP CO. ,LTD	中国
15	冀中能源集团有限责任公司 JI ZHONG ENERGY GROUP CO. ,LTD	中国
16	瑞恩实业公司 RAIN INDUSTRIES LTD	印度
17	中国中煤能源集团有限公司 CHINA COAL ENERGY CO. ,LTD	中国
18	山西潞安矿业(集团)有限责任公司 SHANXI LUAN MINING INDUSTRY (GROUP) COMPANY LTD	中国
19	山西焦煤集团有限责任公司 SHANXI COKING COAL GROUP CO. ,LTD	中国
20	万浦集团 BANPU PCL	泰国
21	永泰能源股份有限公司 WINTIME ENERGY CO. ,LTD	中国
22	平顶山天安煤业股份有限公司 PINGDINGSHAN TIANAN COAL MINING CO. ,LTD	中国
23	印度煤炭公司 COAL INDIA LIMITED	印度
24	山西晋城无烟煤矿业集团有限责任公司 JINCHENG ANTHRACITE MINING GROUP CO. ,LTD	中国
25	晋能集团有限公司 JINNENG GROUP CO. ,LTD	中国

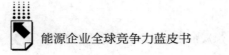

续表

排名	企业名称	国家和地区
26	淮北矿业（集团）有限责任公司 HUAIBEI MINING（GROUP）CO.,LTD	中国
27	阳泉煤业（集团）有限责任公司 YANGQUAN COAL INDUSTRY（GROUP）CO.,LTD	中国
28	河南能源化工集团有限公司 HENAN ENERGY AND CHEMICAL INDUSTRY GROUP CO.,LTD	中国
29	皖北煤电集团有限公司 WANBEI COAL ELECTRICITY	中国
30	山西省国新能源发展集团有限公司 SHANXI PROVINCIAL GUOXIN ENERGY DEVELOPMENT GROUP CO.,LTD	中国

附录3 石油天然气企业全球竞争力排行榜100强

排名	企业名称	国家和地区
1	埃克森美孚公司 EXXON MOBIL CORPORATION	美国
2	菲利普66公司 PHILLIPS 66	美国
3	瓦莱罗能源公司 VALERO ENERGY CORPORATION	美国
4	荷兰皇家壳牌公司 ROYAL DUTCH SHELL PLC	荷兰
5	雪佛龙公司 CHEVRON CORPORATION	美国
6	埃尼公司 ENI SPA	意大利
7	卢克石油公司 PJSC LUKOIL	俄罗斯
8	JXTG控股株式会社 JXTG HOLDINGS	日本
9	俄罗斯天然气工业公司 PJSC GAZPROM	俄罗斯
10	道达尔公司 TOTAL SA	法国
11	马来西亚国家石油公司 PETROLIAM NASIONAL BERHAD	马来西亚

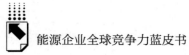

能源企业全球竞争力蓝皮书

续表

排名	企业名称	国家和地区
12	英国石油公司 BP PLC	英国
13	挪威国家石油公司 EQUINOR ASA	挪威
14	中国海洋石油集团有限公司 CHINA NATIONAL OFFSHORE OIL CORPORATION	中国
15	嘉能可公司 GLENCORE PLC	瑞士
16	SK 集团 SK HOLDINGS	韩国
17	俄罗斯石油公司 PJSC ROSNEFT	俄罗斯
18	中国石油化工集团有限公司 CHINA PETROLEUM & CHEMICAL CORPORATION	中国
19	CENOVUS 能源公司 CENOVUS ENERGY INC	加拿大
20	中国石油天然气集团有限公司 CHINA NATIONAL PETROLEUM CORPORATION	中国
21	台塑石化股份公司 FORMOSA PETROCHEMICAL CORPORATION	中国台湾
22	泰国国家石油公司 PTT PLC	泰国
23	依欧格资源公司 EOG RESOURCES INC.	美国
24	巴西国家石油公司 PETROLEO BRASILEIRO SA	巴西
25	PETRONET 液化天然气公司 PETRONET LNG LTD	印度
26	诺瓦泰克公司 PJSC NOVATEK	俄罗斯

续表

排名	企业名称	国家和地区
27	恩桥管道公司 ENBRIDGE INC	加拿大
28	S - OIL 公司 S - OIL CORPORATION	韩国
29	印度石油公司 INDIAN OIL CORPORATION LTD	印度
30	信实工业公司 RELIANCE INDUSTRIES LTD.	印度
31	印度石油天然气公司 OIL AND NATURAL GAS CORPORATION	印度
32	EPD 管道合伙公司 ENTERPRISE PRODUCTS PARTNERS LP	美国
33	星炼油公司 STAR PETROLEUM REFINING PLC	泰国
34	马拉松石化公司 MARATHON PETROLEUM CORPORATION	美国
35	中国航油(新加坡)股份有限公司 CHINA AVIATION OIL (SINGAPORE) CORPORATION LTD	中国
36	巴什基尔石油公司 PJSC BASHNEFT	俄罗斯
37	纳斯特石油公司 NESTE OYJ	芬兰
38	出光兴产株式会社 IDEMITSU KOSAN CO. ,LTD	日本
39	康休资源公司 CONCHO RESOURCES INC	美国
40	EQT 公司 EQT CORPORATION	美国
41	先锋自然资源公司 PIONEER NATURAL RESOURCES COMPANY	美国

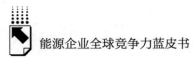

能源企业全球竞争力蓝皮书

续表

排名	企业名称	国家和地区
42	里维埃拉资源公司 RIVIERA RESOURCES,INC	美国
43	波兰国家石油公司 PKN ORLEN	波兰
44	柯林斯炼油公司 MOTOR OIL HELLASCORINTH REFINERIES SA	希腊
45	印度斯坦石油公司 HINDUSTAN PETROLEUM CORPORATION LTD	印度
46	彭比纳管道公司 PEMBINA PIPELINE CORPORATION	加拿大
47	PBF 能源公司 PBF ENERGY	美国
48	特索罗石油公司 ANDEAVOR	美国
49	HOLLYFRONTIER 炼油公司 HOLLYFRONTIER CORPORATION	美国
50	横加管道公司 TRANSCANADA CORPORATION	加拿大
51	中国中化集团有限公司 SINOCHEM GROUP CO. ,LTD	中国
52	安特罗资源公司 ANTERO RESOURCES CORPORATION	美国
53	振华石油控股有限公司 CHINA ZHENHUA OIL CO. ,LTD	中国
54	东华能源股份有限公司 ORIENTAL ENERGY CO. ,LTD	中国
55	麦哲伦管道合伙公司 MAGELLAN MIDSTREAM PARTNERS LP	美国
56	加拿大自然资源公司 CANADIAN NATURAL RESOURCES LTD	加拿大

续表

排名	企业名称	国家和地区
57	科斯莫能源控股株式会社 COSMO ENERGY HOLDINGS CO. ,LTD	日本
58	雷普索尔公司 REPSOL SA	西班牙
59	香港中华煤气有限公司 THE HONGKONG AND CHINA GAS COMPANY	中国香港
60	欧尼克公司 ONEOK INC	美国
61	西部燃气股权合伙公司 WESTERN GAS EQUITY PARTNERS LP	美国
62	大陆资源公司 CONTINENTAL RESOURCES INC	美国
63	苏尔古特石油天然气股份公司 PJSC SURGUTNEFTEGAS	俄罗斯
64	加德士澳大利亚公司 CALTEX AUSTRALIA LTD	澳大利亚
65	鞑靼石油公司 PJSC TATNEFT	俄罗斯
66	响尾蛇能源有限公司 DIAMONDBACK ENERGY INC	美国
67	土耳其炼油公司 TURKIYE PETROL RAFINERILERI AS	土耳其
68	阿帕奇公司 APACHE CORPORATION	美国
69	中国化工集团有限公司 CHINA NATIONAL CHEMICAL CORPORATION LTD	中国
70	自由油田服务公司 LIBERTY OILFIELD SERVICES INC	美国
71	威廉姆斯公司 WILLIAMS COMPANIES INC	美国

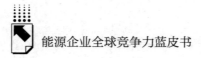
续表

排名	企业名称	国家和地区
72	科耶拉公司 KEYERA CORPORATION	加拿大
73	恩卡纳公司 ENCANA CORPORATION	加拿大
74	台湾中油股份有限公司 CPC CORPORATION, TAIWAN	中国台湾
75	萨拉斯集团 SARAS SPA – RAFFINERIE SARDE	意大利
76	俄罗斯石油运输公司 PJSC TRANSNEFT	俄罗斯
77	邦嘉公司 THE BANGCHAK CORPORATION PLC	泰国
78	帝国石油公司 IMPERIAL OIL LIMITED	加拿大
79	戴文能源公司 DEVON ENERGY CORPORATION	美国
80	越南国家油气集团天然气股份公司 JSC PETROVIETNAM GAS	越南
81	盖尔(印度)公司 GAIL (INDIA) LTD	印度
82	能源运输股权合伙公司 ENERGY TRANSFER EQUITY LP	美国
83	石油炼化公司 OIL REFINERIES LTD	以色列
84	希腊石油公司 HELLENIC PETROLEUM SA	希腊
85	西班牙天然气公司 GAS NATURAL SDG SA	西班牙
86	贝克休斯公司 BAKER HUGHES, A GE COMPANY	美国

续表

排名	企业名称	国家和地区
87	高浦能源公司 GALP ENERGIA	葡萄牙
88	波哥大能源公司 GRUPO ENERGIA BOGOTA SA ESP	哥伦比亚
89	东燃通用石油株式会社 TONENGENERAL SEKIYU KK	日本
90	巴克艾合伙公司 BUCKEYE PARTNERS LP	美国
91	欧特培控股公司 ULTRAPAR HOLDINGS	巴西
92	墨西哥国家石油公司 PETROLEOS MEXICANOS	墨西哥
93	波兰 LOTOS 公司 GRUPA LOTOS SA	波兰
94	Z 能源公司 Z ENERGY LTD	新西兰
95	浙江恒逸石化股份有限公司 ZHEJIANG HENGYI PETROCHEMICALS CO. ,LTD	中国
96	荣盛石化股份有限公司 RONGSHENG PETRO CHEMICAL CO. ,LTD	中国
97	赫斯基能源公司 HUSKY ENERGY INC	加拿大
98	罗马尼亚国家天然气公司 SNGN ROMGAZ SA	罗马尼亚
99	斯纳姆公司 SNAM SPA	意大利
100	捷克 CEZ 公司 CEZ AS	捷克

B.12
附录4
电力企业全球竞争力排行榜100强

排名	企业名称	国家和地区
1	国家电网有限公司 STATE GRID CORPORATION OF CHINA	中国
2	意大利国家电力公司 ENEL	意大利
3	法国电力公司 EDF SA	法国
4	沃旭能源公司 ORSTED A/S	丹麦
5	沙特阿拉伯电力公司 SAUDI ELECTRICITY COMPANY	沙特阿拉伯
6	ENGIE 集团 ENGIE	法国
7	国家能源投资集团有限责任公司 CHN ENERGY INVESTMENT GROUP CO. ,LTD	中国
8	中国南方电网有限责任公司 CHINA SOUTHERN POWER GRID COMPANY LTD	中国
9	中国电力建设集团有限公司 POWER CONSTRUCTION CORPORATION OF CHINA	中国
10	新时代能源公司 NEXTERA ENERGY INC	美国

续表

排名	企业名称	国家和地区
11	伊比德罗拉电力公司 IBERDROLA S. A.	西班牙
12	东京电力控股株式会社 TOKYO ELECTRIC POWER COMPANY	日本
13	韩国电力公司 KOREA ELECTRIC POWER CORPORATION	韩国
14	莱茵集团 RWE AG	德国
15	爱克斯龙电力公司 EXELON CORPORATION	美国
16	英国国家电网公司 NATIONAL GRID（UK）	英国
17	意昂公司 E. ON SE	德国
18	中国广核集团有限公司 CHINA GENERAL NUCLEAR POWER CORPORATION	中国
19	尤尼珀公司 UNIPER SE	德国
20	中国长江三峡集团有限公司 CHINA THREE GORGES CORPORATION	中国
21	巴登－符滕堡州能源公司 ENBW ENERGIE BADEN－WURTTEMBERG AG	德国
22	格洛能源公司 GLOW ENERGY PLC	泰国
23	杜克能源公司 DUKE ENERGY CORPORATION	美国
24	中点能源公司 CENTERPOINT ENERGY INC	美国
25	中国华能集团有限公司 CHINA HUANENG GROUP CO. ,LTD	中国

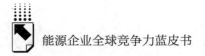
续表

排名	企业名称	国家和地区
26	西班牙电网公司 RED ELÉCTRICA DE ESPANA	西班牙
27	中电控股有限公司 CLP HOLDINGS LITMITED	中国香港
28	俄罗斯国际统一电力系统公司 PJSC INTER RAO UES	俄罗斯
29	国家电力投资集团有限公司 STATE POWER INVESTMENT CORPORATION LIMITED	中国
30	道明尼资源公司 DOMINION RESOURCES INC	美国
31	南苏格兰电力公司 SSE PLC	英国
32	中国能源建设集团有限公司 CHINA ENERGY ENGINEERING GROUP CO. ,LTD	中国
33	波哥大能源公司 GRUPO ENERGIA BOGOTA SA ESP	哥伦比亚
34	葡萄牙电力公司 EDP – ENERGIAS DE PORTUGAL	葡萄牙
35	中国华电集团有限公司 CHINA HUADIAN CORPORATION LTD	中国
36	南方电力公司 SOUTHERN COMPANY	美国
37	佛罗里达电力照明公司 FLORIDA POWER & LIGHT COMPANY	美国
38	捷克 CEZ 公司 CEZ AS	捷克
39	杰斯特能源集团 JUST ENERGY GROUP INC	加拿大
40	科尔文电力公司 EMPRESA COLBUN SA	智利

续表

排名	企业名称	国家和地区
41	赤道能源公司 EQUATORIAL ENERGIA SA	巴西
42	森特理克公司 CENTRICA PLC	英国
43	皮那可西方资本公司 PINNACLE WEST CAPITAL CORPORATION	美国
44	关西电力株式会社 THE KANSAI ELECTRIC POWER CO. , INC	日本
45	俄克拉荷马气电能源公司 OGE ENERGY CORPORATION	美国
46	特纳电网公司 TERNA SPA	意大利
47	国家开发投资集团有限公司 STATE DEVELOPMENT & INVESTMENT CORPORATION	中国
48	AGL 能源公司 AGL ENERGY LTD	澳大利亚
49	中国核工业集团有限公司 CHINA NATIONAL NUCLEAR CORPORATION	中国
50	底特律爱迪生能源公司 DTE ENERGY	美国
51	太平洋气电集团 PG&E CORPORATION	美国
52	美国电力公司 AMERICAN ELECTRIC POWER	美国
53	威斯康辛能源集团 WEC ENERGY GROUP INC	美国
54	富通集团 FORTIS INC	加拿大
55	中部电力株式会社 CHUBU ELECTRIC POWER CO. , LTD	日本

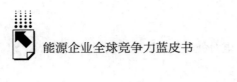

续表

排名	企业名称	国家和地区
56	俄罗斯电网公司 PJSC ROSSETI	俄罗斯
57	印度国家火电公司 NATIONAL THERMAL POWER CORPORATION LIMITED	印度
58	阿沃伊蒂斯电力公司 ABOITIZ POWER CORPORATION	菲律宾
59	卡拉奇电力公司 K – ELECTRIC LTD	巴基斯坦
60	富腾公司 FORTUM OYJ	芬兰
61	巴西 CPFL 能源公司 CPFL ENERGIA SA	巴西
62	九州电力株式会社 KYUSHU ELECTRIC POWER CO. ,INC	日本
63	爱迪生联合电气公司 CONSOLIDATED EDISON COMPANY OF NEW YORK,INC	美国
64	印度国家电网公司 POWER GRID CORPORATION OF INDIA	印度
65	福建省能源集团有限责任公司 FUJIAN ENERGY GROUP CO. ,LTD	中国
66	电源开发株式会社 ELECTRIC POWER DEVELOPMENT COMPANY	日本
67	波特兰通用电力公司 PORTLAND GENERAL ELECTRIC COMPANY	美国
68	布鲁克菲尔德基础设施合伙公司 BROOKFIELD INFRASTRUCTURE PARTNERS LP	加拿大
69	EWE 公司 EWE AG	德国
70	申能股份有限公司 SHENERGY COMPANY LTD	中国

续表

排名	企业名称	国家和地区
71	埃克西尔能源公司 XCEL ENERGY INC	美国
72	ERM 电力公司 ERM POWER LTD	澳大利亚
73	台湾电力公司 TAIWAN POWER COMPANY	中国台湾
74	湖北能源集团股份有限公司 HUBEI ENERGY GROUP CO. ,LTD	中国
75	LEW 公司 LECHWERKE AG	德国
76	威立雅环境集团 VEOLIA ENVIRONNEMENT	法国
77	公共服务企业集团 PUBLIC SERVICE ENTERPRISE GROUP INC	美国
78	港灯电力投资有限公司 HK ELECTRIC INVESTMENTS LIMITED	中国香港
79	EMERA 公司 EMERA INC	加拿大
80	浙江省能源集团有限公司 ZHEJIANG PROVINCIAL ENERGY GROUP CO. ,LTD	中国
81	苏伊士公司 SUEZ SA	法国
82	EVERSOURCE 能源公司 EVERSOURCE ENERGY	美国
83	河北建设投资集团有限责任公司 HEBEI CONSTRUCTION & INVESTMENT GROUP CO. ,LTD	中国
84	奥地利国家电力联盟公司 VERBUND AG	奥地利
85	东北电力株式会社 TOHOKU ELECTRIC POWER	日本

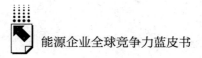

续表

排名	企业名称	国家和地区
86	田纳西河域管理局 TENNESSEE VALLEY AUTHORITY	美国
87	子午线能源公司 MERIDIAN ENERGY LTD	新西兰
88	HAFSLUND 公司 HAFSLUND ASA	挪威
89	创世纪能源公司 GENESIS ENERGY LTD	新西兰
90	大瀑布电力公司 VATTENFALL AB	瑞典
91	马尼拉电力公司 MANILA ELECTRIC COMPANY	菲律宾
92	马拉科夫公司 MALAKOFF CORPORATION BERHAD	马来西亚
93	塞米克电力公司 CEMIG	巴西
94	爱依斯公司 THE AES CORPORATION	智利
95	爱迪生国际公司 EDISON INTERNATIONAL	美国
96	宾州电力公司 PPL CORPORATION	美国
97	亿利资源集团有限公司 ELION RESOURCES GROUP LIMITED	中国
98	布鲁克菲尔德可再生能源集团 BROOKFIELD RENEWABLE PARTNERS LP	加拿大
99	维斯塔尔能源公司 WESTAR ENERGY INC	美国
100	赫拉公司 HERA SPA	意大利

附录5
可再生能源企业全球竞争力排行榜100强

排名	企业名称	国家和地区
1	沃旭能源公司 ORSTED A/S	丹麦
2	西门子歌美飒可再生能源公司 SIEMENS GAMESA RENEWABLE ENERGY SA	西班牙
3	新时代能源公司 NEXTERA ENERGY INC	美国
4	芬欧汇川公司 UPM – KYMMENE OYJ	芬兰
5	上海电气集团股份有限公司 SHANGHAI ELECTRIC GROUP CO. ,LTD	中国
6	AGL 能源公司 AGL ENERGY LTD	澳大利亚
7	江苏中天科技股份有限公司 JIANGSU ZHONGTIAN TECHNOLOGIES CO. ,LTD	中国
8	维斯塔斯风力技术集团 VESTAS WIND SYSTEMS A/S	丹麦
9	协鑫集团有限公司 GOLDEN CONCORD GROUP LTD	中国
10	安迅能集团 ACCIONA SA	西班牙
11	梅赛尼斯公司 METHANEX CORPORATION	加拿大

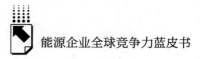
续表

排名	企业名称	国家和地区
12	隆基绿能科技股份有限公司 LONGI GREEN ENERGY TECHNOLOGY CO. ,LTD	中国
13	CROPENERGIES 公司 CROPENERGIES AG	德国
14	VBKG 公司 VERBIO VEREINIGTE BIOENENERGIE AG	德国
15	易事特集团 EAST GROUP	中国
16	天能动力国际有限公司 TIANNENG POWER INTERNATIONAL CO. ,LTD	中国
17	OCI 公司 OCI COMPANY LTD	韩国
18	杭州福斯特应用材料股份有限公司 HANGZHOU FIRST APPLIED MATERIAL CO. ,LTD	中国
19	阳光电源股份有限公司 SUNGROW POWER SUPPLY CO. ,LTD	中国
20	通威股份公司 TONGWEI CO. ,LTD	中国
21	新疆金风科技股份有限公司 XINJIANG GOLDWIND SCIENCE TECHNOLOGY CO. ,LTD	中国
22	葡萄牙电力可再生能源公司 EDP RENOVAVEIS	西班牙
23	苏州中来光伏新材股份有限公司 JOLYWOOD (SUZHOU) SUNWATT CO. ,LTD	中国
24	中国光大国际有限公司 CHINA EVERBRIGHT INTERNATIONAL LTD	中国
25	中美硅晶制品股份有限公司 SINO – AMERICAN SILICON PRODUCTS INC	中国台湾
26	能源开发公司 ENERGY DEVELOPMENT CORPORATION	菲律宾

续表

排名	企业名称	国家和地区
27	东旭蓝天新能源股份有限公司 TUNGHSU AZURE RENEWABLE ENERGY CO. ,LTD.	中国
28	信义光能控股有限公司 XINYI SOLAR HOLDINGS LTD	中国
29	特变电工集团有限公司 TEBIAN ELECTRIC APPARATUS CO. ,LTD	中国
30	天合光能股份有限公司 TRINA SOLAR LIMITED	中国
31	布鲁克菲尔德可再生能源集团 BROOKFIELD RENEWABLE PARTNERS LP	加拿大
32	龙源电力集团股份有限公司 CHINA LONGYUAN POWER GROUP CORPORATION LIMITED	中国
33	科桑公司 COSAN LTD	巴西
34	汉能薄膜发电集团有限公司 HANERGY THIN FILM POWER GROUP LIMITED	中国
35	东方日升新能源股份有限公司 RISEN ENERGY CO. ,LTD	中国
36	江苏中利集团股份有限公司 ZHONGLI GROUP CO. ,LTD	中国
37	雷兽能源公司 RAIZEN ENERGIA SA	巴西
38	天顺风能(苏州)股份有限公司 TITAN WIND ENERGY (SUZHOU) CO. ,LTD	中国
39	华能新能源股份有限公司 HUANENG RENEWABLES CORPORATION LIMITED	中国
40	超威动力控股有限公司 CHAOWEI POWER HOLDINGS LTD	中国
41	株式会社 GS 汤浅 GS YUASA INTERNATIONAL LTD	日本

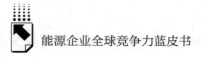

续表

排名	企业名称	国家和地区
42	浙江南都电源动力股份有限公司 NARADA POWER SOURCE CO. ,LTD	中国
43	绿色平原公司 GREEN PLAINS INC	中国
44	绿色平原公司 GREEN PLAINS INC	美国
45	第一太阳能公司 FIRST SOLAR INC	美国
46	阿本戈公司 ABENGOA S. A.	西班牙
47	恩德能源有限公司 NORDEX SE	德国
48	水星新西兰有限公司 MERCURY NZ LIMITED	新西兰
49	艾思玛太阳能技术公司 SMA SOLAR TECHNOLOGY AG	德国
50	意大利国电可再生能源分公司 ENEL GREEN POWER SPA	意大利
51	台虹科技股份有限公司 TAIFLEX SCIENTIFIC CO. ,LTD	中国台湾
52	骆驼集团股份有限公司 CAMEL GROUP CO. ,LTD.	中国
53	上海泰胜风能装备股份有限公司 SHANGHAI TAISHENG WIND POWER EQUIPMENT CO. ,LTD	中国
54	深圳市德赛电池科技股份有限公司 SHENZHEN DESAY BATTERY TECHNOLOGY CO. ,LTD	中国
55	常州亿晶光电科技有限公司 EGING PHOTOVOLTAIC TECHNOLOGY CO. ,LTD	中国
56	中节能太阳能股份有限公司 CECEP SOLAR ENERGY CO. ,LTD	中国

续表

排名	企业名称	国家和地区
57	上海航天汽车机电股份有限公司 SHANGHAI AEROSPACE AUTOMOBILE ELECTROMECHANICAL CO. ,LTD	中国
58	伯克希尔－哈撒韦能源公司 BERKSHIRE HATHAWAY ENERGY	美国
59	熊猫绿色能源集团有限公司 PANDA GREEN ENERGY GROUP LIMITED	中国
60	北京京能清洁能源电力股份有限公司 BEIJING JINGNENG CLEAN ENERGY CO. ,LTD	中国
61	华电福新能源股份有限公司 HUADIAN FUXIN ENERGY CORPORATION LIMITED	中国
62	晶科能源控股有限公司 JINKOSOLAR HOLDING CO. ,LTD	中国
63	帅福得集团 SAFT GROUPE SA	法国
64	大西洋耶尔德公司 ATLANTICA YIELD PLC	英国
65	联通能源公司 CONTACT ENERGY LTD	新西兰
66	深圳市拓日新能源科技股份有限公司 SHENZHEN TOPRAY SOLAR CO. ,LTD	中国
67	北京京运通科技股份有限公司 BEIJING JINGYUNTONG TECHNOLOGY CO. ,LTD	中国
68	中国电力清洁能源发展有限公司 CHINA POWER CLEAN ENERGY DEVELOPMENT COMPANY LIMITED	中国
69	湘潭电机股份有限公司 XIANGTAN ELECTRIC MANUFACTURING CO. ,LTD	中国
70	森维安公司 SENVION SA	德国

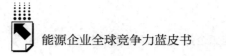

续表

排名	企业名称	国家和地区
71	德拉克斯集团 DRAX GROUP PLC	英国
72	阳光能源控股有限公司 SOLARGIGA ENERGY HOLDINGS LIMITED	中国
73	PEGI 能源公司 PATTERN ENERGY GROUP INC	美国
74	太平洋乙醇公司 PACIFIC ETHANOL INC	美国
75	可再生能源集团 RENEWABLE ENERGY GROUP	美国
76	中国兴业太阳能技术控股有限公司 CHINA SINGYES SOLAR TECHNOLOGIES HOLDINGS LTD	中国
77	顺风国际清洁能源公司 SHUNFENG INTERNATIONAL CLEAN ENERGY LIMITED	中国
78	中国大唐集团新能源股份有限公司 CHINA DATANG CORPORATION RENEWABLE POWER CO.，LIMITED	中国
79	晶澳太阳能有限公司 JA SOLAR CO.，LTD	中国
80	太阳爱迪生公司 SUNEDISON INC	美国
81	日出东方太阳能股份有限公司 JIANGSU SUNRAIN SOLAR ENERGY CO.，LTD	中国
82	大同股份有限公司 TATUNG COMPANY	中国台湾
83	国电科技环保集团股份有限公司 GUODIAN TECHNOLOGY & ENVIRONMENT GROUP CORPORATION LIMITED	中国
84	韩华新能源有限公司 HANWHA Q CELLS CO.，LTD	韩国

续表

排名	企业名称	国家和地区
85	浙江向日葵光能科技股份有限公司 ZHEJIANG SUNFLOWER LIGHT ENERGY SCIENCE & TECHNOLOGY LLC	中国
86	TRANSALTA 公司 TRANSALTA CORPORATION	加拿大
87	中粮生物化学（安徽）股份有限公司 COFCO BIOCHEMICAL（ANHUI）CO.,LTD	中国
88	阿特斯阳光电力集团有限公司 CANADIAN SOLAR INC	中国
89	中国高速传动设备集团有限公司 CHINA HIGH SPEED TRANSMISSION EQUIPMENT GROUP CO.,LTD	中国
90	江苏爱康科技股份有限公司 JIANGSU AKCOME SCIENCE & TECHNOLOGY CO.,LTD	中国
91	丹麦太阳能公司 SOLAR A/S	丹麦
92	吉林电力股份有限公司 JILIN ELECTRIC POWER CO.,LTD	中国
93	昱晶能源科技股份有限公司 GINTECH ENERGY CORPORATION	中国台湾
94	苏司兰能源公司 SUZLON ENERGY LTD	印度
95	太阳电力公司 SUNPOWER CORPORATION	美国
96	卡万塔控股集团 CONVANTA HOLDING CORPORATION	美国
97	新日光能源科技股份有限公司 NEO SOLAR POWER CORPORATION	中国台湾
98	华仪电气股份有限公司 HUAYI ELECTRIC CO.,LTD	中国

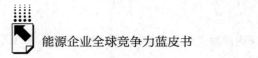

续表

排名	企业名称	国家和地区
99	国硕科技工业股份有限公司 GIGASTORAGE CORPORATION	中国台湾
100	斯里雷努卡糖业公司 SHREE RENUKA SUGARS LTD	印度

B.14

附录6　能源装备制造与服务企业
全球竞争力排行榜20强

排名	企业名称	国家和地区
1	西门子公司 SIEMENS AG	德国
2	ABB 集团 ABB	瑞士
3	株式会社日立制作所 HITACHI LTD	日本
4	通用电气公司 GENERAL ELECTRIC	美国
5	维斯塔斯风力技术集团 VESTAS WIND SYSTEMS A/S	丹麦
6	联合机械公司 PT UNITED TRACTORS TBK	印度尼西亚
7	西门子歌美飒可再生能源公司 SIEMENS GAMESA RENEWABLE ENERGY SA	西班牙
8	住友电气工业株式会社 SUMITOMO ELECTRIC INDUSTRIES LTD	日本
9	协鑫集团有限公司 GOLDEN CONCORD GROUP LTD	中国
10	上海电气集团股份有限公司 SHANGHAI ELECTRIC GROUP CO. ,LTD	中国
11	新疆金风科技股份有限公司 XINJIANG GOLDWIND SCIENCE TECHNOLOGY CO. ,LTD	中国

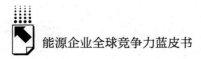

续表

排名	企业名称	国家和地区
12	东方电气集团 DONGFANG ELECTRIC CORPORATION	中国
13	斗山重工业集团 DOOSAN HEAVY INDUSTRIES & CONSTRUCTION CORPORATION	韩国
14	恩德能源有限公司 NORDEX SE	德国
15	中国西电电气股份有限公司 CHINA XD ELECTRIC CO. ,LTD	中国
16	ENERFLEX 公司 ENERFLEX LTD	加拿大
17	基内集团 KEANE GROUP INC	美国
18	湘潭电机股份有限公司 XIANGTAN ELECTRIC MANUFACTURING CO. ,LTD	中国
19	哈尔滨电气股份有限公司 HARBIN ELECTRIC CO. ,LTD	中国
20	森维安公司 SENVION SA	德国

附录7
中国能源企业全球竞争力排行榜100强

排名	企业名称	行业类别
1	中国海洋石油集团有限公司 CHINA NATIONAL OFFSHORE OIL CORPORATION	油气
2	中国石油化工集团有限公司 CHINA PETROLEUM & CHEMICAL CORPORATION	油气
3	中国石油天然气集团有限公司 CHINA NATIONAL PETROLEUM CORPORATION	油气
4	台塑石化股份公司 FORMOSA PETROCHEMICAL CORPORATION	油气
5	国家电网有限公司 STATE GRID CORPORATION OF CHINA	电力
6	中国航油（新加坡）股份有限公司 CHINA AVIATION OIL (SINGAPORE) CORPORATION LTD	油气
7	国家能源投资集团有限责任公司 CHN ENERGY INVESTMENT GROUP CO. ,LTD	电力/煤炭
8	中国南方电网有限责任公司 CHINA SOUTHERN POWER GRID COMPANY LTD	电力
9	中国电力建设集团有限公司 POWER CONSTRUCTION CORPORATION OF CHINA	电力
10	中国中化集团有限公司 SINOCHEM GROUP CO. ,LTD	油气
11	振华石油控股有限公司 CHINA ZHENHUA OIL CO. ,LTD	油气

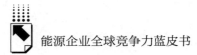

续表

排名	企业名称	行业类别
12	东华能源股份有限公司 ORIENTAL ENERGY CO. ,LTD	油气
13	香港中华煤气有限公司 THE HONGKONG AND CHINA GAS COMPANY	油气
14	山东能源集团有限公司 SHANDONG ENERGY GROUP CO. ,LTD	煤炭
15	中国广核集团有限公司 CHINA GENERAL NUCLEAR POWER CORPORATION	电力
16	中国长江三峡集团有限公司 CHINA THREE GORGES CORPORATION	电力
17	中国化工集团有限公司 CHINA NATIONAL CHEMICAL CORPORATION LTD	油气
18	隆基绿能科技股份有限公司 LONGI GREEN ENERGY TECHNOLOGY CO. ,LTD	可再生
19	台湾中油股份有限公司 CPC CORPORATION ,TAIWAN	油气
20	中国华能集团有限公司 CHINA HUANENG GROUP CO. ,LTD	电力
21	中电控股有限公司 CLP HOLDINGS LITMITED	电力
22	陕西煤业化工集团有限责任公司 SHAANXI COAL AND CHEMICAL INDUSTRY GROUP CO. ,LTD	煤炭
23	国家电力投资集团有限公司 STATE POWER INVESTMENT CORPORATION LIMITED	电力
24	内蒙古伊泰煤炭股份有限公司 INNER MONGOLIA YITAI COAL CO. ,LTD	煤炭
25	中国能源建设集团有限公司 CHINA ENERGY ENGINEERING GROUP CO. ,LTD	电力
26	中国华电集团有限公司 CHINA HUADIAN CORPORATION LTD	电力

续表

排名	企业名称	行业类别
27	浙江恒逸石化股份有限公司 ZHEJIANG HENGYI PETROCHEMICALS CO.,LTD	油气
28	荣盛石化股份有限公司 RONGSHENG PETRO CHEMICAL CO.,LTD	油气
29	光汇石油(控股)有限公司 BRIGHTOIL PETROLEUM (HOLDINGS) LIMITED	油气
30	兖矿集团有限公司 YANKUANG GROUP	煤炭
31	深圳燃气集团股份有限公司 SHENZHEN GAS CORPORATION LTD	油气
32	天能动力国际有限公司 TIANNENG POWER INTERNATIONAL CO.,LTD	可再生
33	陕西延长石油(集团)有限责任公司 SHAANXI YANCHANG PETROLEUM (GROUP) CO.,LTD	油气
34	新海能源集团有限公司 NEWOCEAN ENERGY HOLDINGS LIMITED	油气
35	山西美锦能源股份有限公司 SHANXI MEIJIN ENERGY CO.,LTD	油气
36	国家开发投资集团有限公司 STATE DEVELOPMENT & INVESTMENT CORPORATION	电力/煤炭
37	中国核工业集团有限公司 CHINA NATIONAL NUCLEAR CORPORATION	电力
38	中国光大国际有限公司 CHINA EVERBRIGHT INTERNATIONAL LTD	可再生
39	山东京博控股股份有限公司 SHANDONG CHAMBROAD HOLDING CO.,LTD	油气
40	新疆中泰化学股份有限公司 XINJIANG ZHONGTAI CHEMICAL CO.,LTD	油气
41	协鑫集团有限公司 GOLDEN CONCORD GROUP LTD	装备/可再生

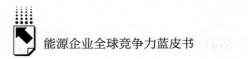

续表

排名	企业名称	行业类别
42	东旭蓝天新能源股份有限公司 TUNGHSU AZURE RENEWABLE ENERGY CO. ,LTD	可再生
43	福建省能源集团有限责任公司 FUJIAN ENERGY GROUP CO. ,LTD	电力
44	申能股份有限公司 SHENERGY COMPANY LTD	电力
45	台湾电力公司 TAIWAN POWER COMPANY	电力
46	湖北能源集团股份有限公司 HUBEI ENERGY GROUP CO. ,LTD	电力
47	港灯电力投资有限公司 HK ELECTRIC INVESTMENTS LIMITED	电力
48	上海电气集团股份有限公司 SHANGHAI ELECTRIC GROUP CO. ,LTD	装备/可再生
49	浙江省能源集团有限公司 ZHEJIANG PROVINCIAL ENERGY GROUP CO. ,LTD	电力
50	河北建设投资集团有限责任公司 HEBEI CONSTRUCTION & INVESTMENT GROUP CO. ,LTD	电力
51	北方华锦化工有限公司 NORTH HUAJIN CHEMICAL INDUSTRIES. CO. ,LTD	油气
52	大同煤矿集团有限责任公司 DATONG COAL MINE GROUP CO. ,LTD	煤炭
53	骆驼集团股份有限公司 CAMEL GROUP CO. ,LTD	可再生
54	新疆金风科技股份有限公司 XINJIANG GOLDWIND SCIENCE TECHNOLOGY CO. ,LTD	装备/可再生
55	冀中能源集团有限责任公司 JI ZHONG ENERGY GROUP CO. ,LTD	煤炭
56	浙江海越股份有限公司 ZHEJIANG HAIYUE CO. ,LTD	油气

续表

排名	企业名称	行业类别
57	北京控股集团有限公司 BEIJING ENTERPRISES GROUP CO. ,LTD	油气
58	新奥能源控股有限公司 ENN ENERGY HOLDINGS LTD	油气
59	深圳市德赛电池科技股份有限公司 SHENZHEN DESAY BATTERY TECHNOLOGY CO. ,LTD	可再生
60	天合光能股份有限公司 TRINA SOLAR LIMITED	可再生
61	亿利资源集团有限公司 ELION RESOURCES GROUP LIMITED	电力
62	中国中煤能源集团有限公司 CHINA COAL ENERGY CO. ,LTD	煤炭
63	山西潞安矿业(集团)有限责任公司 SHANXI LUAN MINING INDUSTRY（GROUP）COMPANY LTD	煤炭
64	山西焦煤集团有限责任公司 SHANXI COKING COAL GROUP CO. ,LTD	煤炭
65	特变电工集团有限公司 TEBIAN ELECTRIC APPARATUS CO. ,LTD	电力/可再生
66	永泰能源股份有限公司 WINTIME ENERGY CO. ,LTD	煤炭
67	中国大唐集团有限公司 CHINA DATANG CORPORATION LTD	电力
68	中国节能环保集团有限公司 CHINA ENERGY CONSERVATION AND ENVIRONMENTAL PROTECTION GROUP	电力
69	超威动力控股有限公司 CHAOWEI POWER HOLDINGS LTD	可再生
70	华润燃气(集团)有限公司 CHINA RESOURCES GAS GROUP LIMITED	油气

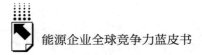
续表

排名	企业名称	行业类别
71	山东垦利石化集团有限公司 SHANDONG KENLI PETROCHEMICAL GROUP CO.,LTD	油气
72	东方电气集团 DONGFANG ELECTRIC CORPORATION	装备
73	平顶山天安煤业股份有限公司 PINGDINGSHAN TIANAN COAL MINING CO.,LTD	煤炭
74	宁夏宝塔石化集团有限公司 BAOTA PETROCHEMICAL GROUP CO.,LTD	油气
75	山西晋城无烟煤矿业集团有限责任公司 JINCHENG ANTHRACITE MINING GROUP CO.,LTD	煤炭
76	中国西电电气股份有限公司 CHINA XD ELECTRIC CO.,LTD	装备
77	晋能集团有限公司 JINNENG GROUP CO.,LTD	煤炭
78	山东玉皇化工(集团)有限公司 SHANGDONG YUHUANG CHEMICAL CO.,LTD	油气
79	淮北矿业(集团)有限责任公司 HUAIBEI MINING (GROUP) CO.,LTD	煤炭
80	阳泉煤业(集团)有限责任公司 YANGQUAN COAL INDUSTRY (GROUP) CO.,LTD	煤炭
81	河南能源化工集团有限公司 HENAN ENERGY AND CHEMICAL INDUSTRY GROUP CO., LTD	煤炭
82	广东省粤电集团有限公司 YUDEAN GROUP CO.,LTD	电力
83	北京能源集团有限责任公司 BEIJING ENERGY HOLDING CO.,LTD	电力
84	安徽省能源集团有限公司 ANHUI PROVINCE ENERGY GROUP CO.,LTD	油气/电力

续表

排名	企业名称	行业类别
85	华润电力控股有限公司 CHINA RESOURCES POWER HOLDINGS CO. ,LTD	电力
86	广州发展集团股份有限公司 GUANGZHOU DEVELOPMENT GROUP CO. ,LTD	电力
87	湘潭电机股份有限公司 XIANGTAN ELECTRIC MANUFACTURING CO. ,LTD	装备/可再生
88	广汇能源有限公司 GUANGHUI ENERGY CO. ,LTD	油气
89	中国核工业建设集团有限公司 CHINA NUCLEAR E&C GROUP CO. ,LTD	电力
90	哈尔滨电气股份有限公司 HARBIN ELECTRIC CO. ,LTD	装备
91	深圳能源集团股份有限公司 SHENZHEN ENERGY GROUP CO. ,LTD	电力
92	广西桂东电力股份有限公司 GUANGXI GUI DONG ELECTRIC POWER CO. ,LTD	电力
93	青海省投资集团有限公司 QINGHAI PROVINCIAL INVESTMENT GROUP CO. ,LTD	电力
94	皖北煤电集团有限公司 WANBEI COAL ELECTRICITY	电力/煤炭
95	顺风国际清洁能源公司 SHUNFENG INTERNATIONAL CLEAN ENERGY LIMITED	可再生
96	晶科能源控股有限公司 JINKOSOLAR HOLDING CO. ,LTD	可再生
97	晶澳太阳能有限公司 JA SOLAR CO. ,LTD	可再生

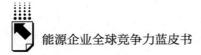
续表

排名	企业名称	行业类别
98	山西省国新能源发展集团有限公司 SHANXI PROVINCIAL GUOXIN ENERGY DEVELOPMENT GROUP CO. ,LTD	油气/煤炭
99	重庆市能源投资集团有限公司 CHONGQING ENERGY INVESTMENT GROUP CO. ,LTD	油气/电力/ 煤炭
100	徐州矿务集团有限公司 XUZHOU COAL MINING GROUP CO. ,LTD	煤炭

B.16
致　谢

　　感谢中国人民大学项目导向跨学科研究性教学试点课程"国际能源、环境及气候概论"对本报告的支持。感谢中国人民大学教务处对教学试点课程的大力支持。感谢课程客座教授们对课程的贡献。感谢能源企业和研究同行对本研究的支持和提供宝贵的参考意见。同时，感谢中国人民大学国家发展与战略研究院、中国人民大学国际关系学院的领导与同事们的帮助。正是在教师团队与同学们的协力下，才最终有此研究。

许勤华
2018 年 12 月

权威报告·一手数据·特色资源

皮书数据库

ANNUAL REPORT(YEARBOOK)
DATABASE

当代中国经济与社会发展高端智库平台

所获荣誉

- 2016年，入选"'十三五'国家重点电子出版物出版规划骨干工程"
- 2015年，荣获"搜索中国正能量 点赞2015""创新中国科技创新奖"
- 2013年，荣获"中国出版政府奖·网络出版物奖"提名奖
- 连续多年荣获中国数字出版博览会"数字出版·优秀品牌"奖

成为会员

通过网址www.pishu.com.cn访问皮书数据库网站或下载皮书数据库APP，进行手机号码验证或邮箱验证即可成为皮书数据库会员。

会员福利

- 使用手机号码首次注册的会员，账号自动充值100元体验金，可直接购买和查看数据库内容（仅限PC端）。
- 已注册用户购书后可免费获赠100元皮书数据库充值卡。刮开充值卡涂层获取充值密码，登录并进入"会员中心"—"在线充值"—"充值卡充值"，充值成功后即可购买和查看数据库内容（仅限PC端）。
- 会员福利最终解释权归社会科学文献出版社所有。

社会科学文献出版社 皮书系列
SOCIAL SCIENCES ACADEMIC PRESS (CHINA)
卡号：141959351612
密码：

数据库服务热线：400-008-6695
数据库服务QQ：2475522410
数据库服务邮箱：database@ssap.cn
图书销售热线：010-59367070/7028
图书服务QQ：1265056568
图书服务邮箱：duzhe@ssap.cn

S 基本子库
SUB DATABASE

中国社会发展数据库（下设 12 个子库）

全面整合国内外中国社会发展研究成果，汇聚独家统计数据、深度分析报告，涉及社会、人口、政治、教育、法律等 12 个领域，为了解中国社会发展动态、跟踪社会核心热点、分析社会发展趋势提供一站式资源搜索和数据分析与挖掘服务。

中国经济发展数据库（下设 12 个子库）

基于"皮书系列"中涉及中国经济发展的研究资料构建，内容涵盖宏观经济、农业经济、工业经济、产业经济等 12 个重点经济领域，为实时掌控经济运行态势、把握经济发展规律、洞察经济形势、进行经济决策提供参考和依据。

中国行业发展数据库（下设 17 个子库）

以中国国民经济行业分类为依据，覆盖金融业、旅游、医疗卫生、交通运输、能源矿产等 100 多个行业，跟踪分析国民经济相关行业市场运行状况和政策导向，汇集行业发展前沿资讯，为投资、从业及各种经济决策提供理论基础和实践指导。

中国区域发展数据库（下设 6 个子库）

对中国特定区域内的经济、社会、文化等领域现状与发展情况进行深度分析和预测，研究层级至县及县以下行政区，涉及地区、区域经济体、城市、农村等不同维度。为地方经济社会宏观态势研究、发展经验研究、案例分析提供数据服务。

中国文化传媒数据库（下设 18 个子库）

汇聚文化传媒领域专家观点、热点资讯，梳理国内外中国文化发展相关学术研究成果、一手统计数据，涵盖文化产业、新闻传播、电影娱乐、文学艺术、群众文化等 18 个重点研究领域。为文化传媒研究提供相关数据、研究报告和综合分析服务。

世界经济与国际关系数据库（下设 6 个子库）

立足"皮书系列"世界经济、国际关系相关学术资源，整合世界经济、国际政治、世界文化与科技、全球性问题、国际组织与国际法、区域研究 6 大领域研究成果，为世界经济与国际关系研究提供全方位数据分析，为决策和形势研判提供参考。

法律声明

"皮书系列"（含蓝皮书、绿皮书、黄皮书）之品牌由社会科学文献出版社最早使用并持续至今，现已被中国图书市场所熟知。"皮书系列"的相关商标已在中华人民共和国国家工商行政管理总局商标局注册，如 LOGO（▧）、皮书、Pishu、经济蓝皮书、社会蓝皮书等。"皮书系列"图书的注册商标专用权及封面设计、版式设计的著作权均为社会科学文献出版社所有。未经社会科学文献出版社书面授权许可，任何使用与"皮书系列"图书注册商标、封面设计、版式设计相同或者近似的文字、图形或其组合的行为均系侵权行为。

经作者授权，本书的专有出版权及信息网络传播权等为社会科学文献出版社享有。未经社会科学文献出版社书面授权许可，任何就本书内容的复制、发行或以数字形式进行网络传播的行为均系侵权行为。

社会科学文献出版社将通过法律途径追究上述侵权行为的法律责任，维护自身合法权益。

欢迎社会各界人士对侵犯社会科学文献出版社上述权利的侵权行为进行举报。电话：010-59367121，电子邮箱：fawubu@ssap.cn。

社会科学文献出版社